VOCÊ VIVE ou SOBREVIVE?

Escolha ser a sua melhor versão todos os dias

CARO(A) LEITOR(A),
Queremos saber sua opinião sobre nossos livros.
Após a leitura, curta-nos no **facebook.com/editoragentebr**,
siga-nos no Twitter **@EditoraGente**,
no Instagram **@editoragente**
e visite-nos no site **www.editoragente.com.br**.
Cadastre-se e contribua com sugestões, críticas ou elogios.

VOCÊ VIVE ou SOBREVIVE?

Escolha ser a sua melhor versão todos os dias

Luana **Ganzert**

Diretora Rosely Boschini	**Projeto Gráfico** Mari Coelho
Gerente Editorial Plena Franciane Batagin Ribeiro	**Diagramação** Marcela Badolatto
Editora Júnior Natália Domene Alcaide	**Revisão** Amanda Oliveira
Assistente Editorial Larissa Robbi Ribeiro	**Impressão** Assahi
Produção Gráfica Fábio Esteves	
Preparação Algo Novo Editorial	Copyright © 2023 by Luana Ganzert Todos os direitos desta edição são reservados à Editora Gente.
Capa Mariana Fazzeri	Rua Natingui, 379 – Vila Madalena São Paulo, SP – CEP 05443-000 Telefone: (11) 3670-2500
Foto de capa Bernardo Coelho	Site: www.editoragente.com.br E-mail: gente@editoragente.com.br

DADOS INTERNACIONAIS DE CATALOGAÇÃO NA PUBLICAÇÃO (CIP)
Angélica Ilacqua CRB-8/7057

Ganzert, Luana

Você vive ou sobrevive? : escolha ser a sua melhor versão todos os dias / Luana Ganzert. - São Paulo : Editora Gente, 2023.

192 p.

ISBN 978-65-5544-325-7

1. Desenvolvimento pessoal I. Título

23-0471   CDD 158.1

Índices para catálogo sistemático:
1. Desenvolvimento pessoal

NOTA DA PUBLISHER

Tenho certeza de que você se identificará com isto: em um dia a dia corrido, é muito fácil entrarmos no modo automático sem percebermos. Na verdade, às vezes essa é a única maneira que inconscientemente encontramos para prosseguirmos com a rotina exaustiva de uma jornada de trabalho diário e de cuidados com a casa e a família. Contudo, chega um momento (e esse momento sempre surge) em que percebemos que esse modo de vida não traz nenhum benefício a longo prazo.

Foi pensando nisso que Luana Ganzert escreveu esta obra, com o intuito de ajudar pessoas que queiram de fato produzir um milagre dentro de si: sair do modo automático para entrar no modo consciente de vida. Esse movimento não é de todo desconhecido. Não é raro termos que sobreviver a períodos de estresse para então vivermos momento de satisfação pessoal e tranquilidade.

Por isso, a autora nos propõe esse convite, e eu o reforço: conheça a si mesmo e saiba como criar metas factíveis para enfim viver a sua vida, e não sobreviver a ela. A mudança é possível. Venha!

Rosely Boschini
CEO e Publisher da Editora Gente

DEDICATÓRIA

Dedico este livro aos sobreviventes. Aos que enfrentam batalhas diárias para sobreviver aos desafios. Aqueles que lutam todos os dias para serem felizes e se tornarem a melhor versão de si mesmos.

Ninguém passa ileso aos problemas da vida, mas poucos conseguem viver de verdade diante dos desafios. Sobreviver não é viver, mas todos que vivem um dia já sobreviveram a uma perda, um sofrimento, um momento triste, de angústias e de raiva. Dedico a você, herói da sua vida, dono das suas escolhas e autorresponsável pelo seu crescimento.

A essas pessoas, dedico meu livro, o esforço e o tempo para escrevê-lo. E mais do que dedicar minhas palavras, tenho um forte desejo no coração: de que você a partir de agora viva a sua vida de verdade sendo você.

AGRADECIMENTOS

Poderia me faltar tudo na vida, menos amor verdadeiro. Agradeço à Elizabeth Maria Justino, Bete para os íntimos e mãe para mim. Um ser humano forte e consistente. Tenho orgulho de ser sua filha.

Agradeço ao homem mais importante da minha vida, pois foi ele quem me deu a vida, meu pai, Paulo Ricardo Ganzert, um homem de luz, de amor e de amizade.

Agradeço aos meus avós, ainda vivos, Marta Cresqui Ganzert, a mulher mais persistente que eu conheço. Alguém que me ensinou a ser quem eu sou, alguém que cuidou de mim e me protegeu. Ao meu avô, uma imensa gratidão pela infância feliz. Pelos passeios em seu caminhão explorando o mundo afora.

Agradeço aos meus avós que já partiram. A presença deles na minha vida foi fundamental para que eu vivesse até aqui.

E, por fim, mas não menos importante, agradeço à família que construí. Ao meu marido, por ser meu maior mentor, meu companheiro e meu guia. Aos meus filhos, por me ensinarem todos os dias o real sentido da vida.

Sumário

PREFÁCIO	15
APRESENTAÇÃO	19
INTRODUÇÃO	25

PARTE 1

CAPÍTULO 1 - COMO ANDA A SUA VIDA?	33
ATIVIDADE: Expandindo a consciência	38
RODA DA VIDA	40
CAPÍTULO 2 - SAIBA QUEM VOCÊ É	42
TODO OBJETIVO É UMA DECISÃO PODEROSA	53
ATIVIDADE: Quem sou eu?	58
ATIVIDADE: Crie suas metas	59
LISTA DE METAS	60
ATIVIDADE: DESENHANDO SUAS METAS	62

PARTE 2

CAPÍTULO 3 - A MUDANÇA COMEÇA EM VOCÊ	65
ATIVIDADE: Termo: assumindo a responsabilidade pela minha vida	74

CAPÍTULO 4 - ADQUIRA UM NOVO HÁBITO, AGORA 77
    ATIVIDADE: Separando o ouro do lixo 81

PARTE 3

CAPÍTULO 5 - MEDITAÇÃO: UMA FERRAMENTA
PARA MUDAR A SUA VIDA 85
    GUIA PARA MEDITAÇÃO 90
    ANOTAÇÕES PÓS-MEDITAÇÃO 93
    ATIVIDADE: Olhe para si 96
    CORAGEM PARA VIVER O PROCESSO 97

CAPÍTULO 6 - DECIDA SER O MELHOR QUE PUDER SER 103

CAPÍTULO 7 - ACEITE O QUE NÃO PODE MUDAR
E ENFRENTE O QUE SÓ DEPENDE DE VOCÊ 115
    ATIVIDADE: Aceitação e enfrentamento 122

CAPÍTULO 8 - OS 10 HÁBITOS DAS PESSOAS FELIZES 125
    ATIVIDADE: Elabore uma lista com 10 coisas que fazem você feliz 129

PARTE 4

CAPÍTULO 9 - OS NÍVEIS DE CONSCIÊNCIA 133

CAPÍTULO 10 - DESPERTE A SUA VIDA 143
    MINHA TRAJETÓRIA 145
    ATIVIDADE: Trajetória 149

PARTE 5

CAPÍTULO 11 - (RE)COMECE QUANTAS VEZES FOREM NECESSÁRIAS   153
    PARA REFLETIR   157
      ATIVIDADE: Organize seu tempo e faça coisas realmente importantes para você   161

CAPÍTULO 12 - APRENDA A PERDOAR OS ERROS (SEUS E DOS OUTROS)   165
    CONSCIENTIZAÇÃO   170
    ENTENDIMENTO   170
    DISSOCIAÇÃO   171
    DISPOSIÇÃO   171
      ATIVIDADE: Perdão   172

PARTE 6

CAPÍTULO 13 - GRATIDÃO: FAÇA A GRAÇA DESCER   177
    ATIVIDADE: Gratidão   182

CONSIDERAÇÕES FINAIS: 6 PONTOS FUNDAMENTAIS   185
    1. TER UM OBJETIVO NA VIDA   187
    2. ENFRENTAR DESAFIOS   187
    3. ACEITAR O QUE NÃO PODE MUDAR   187
    4. COLOCAR-SE EM AÇÃO   188
    5. PERDOAR   189
    6. AGRADECER   189

Prefácio

Um dos momentos mais importantes da nossa vida é quando decidimos o que vamos fazer com ela.

Eu sempre incentivo todas as pessoas que passam pela minha vida a refletir sobre o quanto o autoconhecimento é importante, mas isso só é possível quando você decide.

Neste livro, Luana, uma mulher forte e determinada, vai mostrar como tomar as rédeas da própria vida e não deixar que esta seja apenas uma passagem.

Vencer os outros é difícil, mas vencer a nós mesmos é mais difícil ainda, e este livro vai ajudar você nessa missão. Que essa leitura transforme sua vida, assim como transformou a dela.

Joel Jota

Apresentação

São alarmantes os dados recentemente divulgados pela Organização Mundial da Saúde (OMS): o Brasil lidera rankings de ansiedade, com 18,6 milhões de pessoas sofrendo do transtorno, e depressão, com cerca de 11,5 milhões de pessoas. Nos últimos três anos, 44% da população sofreu burnout. E estima-se que 30 em cada 100 pessoas sofrem ou sofrerão de problemas de saúde mental em algum momento da vida.

O cuidado com a saúde emocional está na ordem do dia e deveria ser acessível a todos, e não há agenda lotada que justifique o seu adoecimento emocional. A vida é uma só! Você tem vivido ou apenas sobrevivido?

Essa provocação que a Luana Ganzert nos traz logo no título deveria ser a nossa maior reflexão. Na correria da atualidade, você tem priorizado a agenda lotada? Ou a si mesmo, suas necessidades, seus desejos? Permita-se ser impelido pelo desconforto de não estar vivendo plenamente, e se desafie a mudar essa situação. Aceite este livro como um convite, inspire-se nas palavras e histórias que encontrará aqui e se dedique a viver de verdade.

Após enfrentar seus próprios traumas e sentir na pele a necessidade de viver uma vida que valha a pena ser vivida, poder fazer o mesmo pelos outros se tornou o propósito de Luana. Formada em Psicologia, há catorze anos Luana dedica sua vida a ajudar as pessoas a viverem, e não apenas sobreviverem. Como parte dessa missão que colocou para si, agora traz em livro todos os ensinamentos que dispõe para ajudar o maior número de pessoas que puder alcançar.

Neste livro, ela vai despertar em você o desejo de ser sempre melhor. Com um método claro e simples, viver plenamente está ao alcance de todos. E esse é o primeiro passo em direção à democratização da saúde emocional. O mundo teria menos casos de depressão, ansiedade, burnout ou falta de autocuidado se as pessoas vivessem de verdade.

O segredo para viver de verdade, entretanto, é o que todos buscamos descobrir. Se algo nos tem impedido, devemos identificar e buscar tudo o que está ao nosso alcance para mudar isso e viver uma vida mais feliz. Viver de verdade implica se conhecer melhor, ser responsável pelo que é seu, aceitar o que não pode ser mudado, enfrentar aquilo que só depende de si, se perdoar, perdoar também quem falha com você no caminho e agradecer o fato de estar vivo.

Muitas pessoas se sabotam porque não sabem lidar com as emoções e, quando se deparam com desafios, deixam que eles determinem seus resultados. Mas a maneira como você lida com esses desafios pode fazer muita diferença.

E você? É protagonista da sua história ou permite que os percalços do caminho determinem tudo o que acontece na sua vida?

Quem decide isso é você! Então, se você não acha que sua resposta foi satisfatória, precisa mudar isso. Aprenda a cuidar das suas emoções para se tornar uma pessoa saudável e forte – não que você precise ser forte o tempo todo, mas para saber lidar da melhor maneira com as situações difíceis e aprender com elas.

Este livro é um convite para abrir seus olhos para que você comece a planejar a vida que deseja. Escolha viver, não apenas sobreviver. Absorva tudo o que a Luana tem para lhe ensinar nessas páginas e encontre uma vida com sentido, construa a vida que você merece viver.

Roberto Shinyashiki

Aprenda a cuidar das suas emoções para se tornar uma pessoa saudável e forte.

Roberto Shinyashiki

Introdução

Este livro foi pensado para pessoas que desejam ganhar o mundo, porém se esquecem de que, antes de tudo, devem ganhar a si mesmas.

Com o crescimento dos atendimentos clínicos individuais, surgiu a preocupação de não conseguir ajudar o maior número de pessoas que eu pudesse. Após um treinamento de desenvolvimento pessoal, o UP, com Roberto Shinyashiki, hoje meu mentor, escutei algo que mexeu comigo. E foi então que compreendi que, ao invés de viver a vida, eu estava somente sobrevivendo.

"Luana, você precisa aceitar que já sabe o suficiente para estar trancada em uma sala, gastando tempo e conhecimento com um a um. Seu comportamento, além de um desperdício, é negligente."

Não consegui entender aquela repreensão e me questionei: Tempo? Desperdício? Negligente? Aceitar? O que me faltava era efetivamente aceitar que estava negligenciando ajudar mais pessoas enquanto reclamava da falta de tempo ou de conhecimento suficiente para propagar meu trabalho além da clínica.

Descobri que inventava grandes desculpas, diariamente, para evitar viver a minha vida de verdade.

Talvez fosse o medo, a insegurança, a falta de foco. E não faz diferença alguma ter respostas para justificar nossos fracassos.

Buscar respostas e deixar de viver é inútil, mas é isso o que fazemos quando queremos nos justificar.

Ao entender como os seres humanos funcionam, como o cérebro reage à vida, encontrei meus maiores sabotadores, e descobri que esses mesmos sabotadores prejudicam você.

Este livro foi pensado para despertar o seu melhor. E também fazer do mundo um lugar mais brilhante com a luz humana.

Também para despertar sua habilidade natural, aquela que você herdou de Deus, e colocá-la onde deveria, potencializando uma vida com muito mais sentido. Afinal, você é um milagre, mas só vai despertá-lo quando deixar de sobreviver e passar a viver a própria vida.

E é nesse momento que você me faz aquela pergunta clássica:

O que é despertar um milagre na minha vida?

Você já deve ter ouvido falar em milagres e, possivelmente, também já pensou em recebê-los. Mas talvez ainda não tenha pensado em despertar em si mesmo o próprio milagre.

Quando pensamos em milagres, logo imaginamos algo divino, acontecimentos sobrenaturais que não têm explicação científica. Hoje, porém, você começará a entender outra forma de ver os milagres.

Vamos falar dos fatos específicos para os quais, muitas vezes, não vemos saída nem encontramos soluções, e por esse motivo apenas sobrevivemos a vida. Falaremos de momentos significativos, pontos decisivos para grandes transformações acontecerem. A isso, dou o nome de milagre.

> *Entendo como milagre tudo o que envolve vida. Se existe vida, o milagre pode acontecer. Seja um milagre divino ou advindo de muita dedicação e muito comprometimento.*

Não vamos conseguir nos posicionar como deuses na vida e trazer a cura, com os resultados que tanto esperamos, para esses momentos especificamente dolorosos. Podemos trazer consciência à nossa dor, olhar o nosso sofrimento com mais amor, reconhecer e aceitar o que não podemos mudar, enfrentar os desafios mais intensos e, por fim, não desistir de ser feliz. Aprender a perdoar e agradecer todos os dias.

Você começou a ler um livro sobre desenvolvimento pessoal, com a intenção de se tornar um ser humano melhor, e imagino que seu maior desejo seja a transformação. Se for, você está fazendo o certo. Mas se o seu desejo for mudar tudo à sua volta, já digo que não será possível.

Podemos construir nosso milagre desenvolvendo consciência, tendo autorresponsabilidade, acrescentando um esforço extraordinário e inteligente à direção dos nossos objetivos.

> *A construção do nosso novo ser, ou do seu milagre, como queira chamar, deve começar pela mudança de mentalidade.*

É muito comum encontrar pessoas perdidas quanto ao propósito da própria vida. Pessoas descontentes por estarem onde estão, mas que não sabem exatamente o que aconteceu no caminho para chegarem nesse lugar. Também é comum não conhecer a própria história, não saber por quais motivos as coisas acontecem da forma que acontecem. Dificilmente vamos encontrar alguém 100% comprometido, 100% focado em seus objetivos, 100% flexível, 100% satisfeito o tempo todo. As pessoas esquecem de quem são por estarem ocupadas demais regando a grama do vizinho, olhando para o lado e esquecendo de olhar para si mesmas. Mas o que fazer ao descobrir que estamos numa posição desconectada na vida?

> *De início, preciso saber quem é você. Mas, muito antes de se apresentar a mim, você precisa saber quem você é aí dentro!*

É importante ter um *objetivo*, aprender a *aceitar* aquilo que não é seu, mas que por alguma razão foi construído em você, e, depois de consciente, poder *enfrentar* aquilo que só depende de você, persistindo mesmo quando os desafios aparecerem e se *mantendo em ação*, principalmente nos momentos mais difíceis. São nesses momentos que devemos aprender a *perdoar*; o outro, por ter nos machucado, mas sobretudo a nós mesmos, por ter errado. E, por fim, é importante reservar também um tempo para agradecer por tudo o que você está vivendo. Isso faz parte da sua vida, da sua história e, principalmente, da construção do seu milagre. Só assim você conseguirá viver de verdade.

Parece difícil, mas é simples! E vou ajudar você nessa tarefa.

Está preparado(a)? Começa agora um novo ganho de consciência para a vida extraordinária com a qual você tanto sonhou!

PARTE 1

Tenha um objetivo na vida

Capítulo 1

*Como anda
a sua vida?*

Neste livro,
vamos encontrar uma solução
para a sua vida ser menos
pesada e ter mais
sentido.

Há muito tempo eu senti na pele o que era sofrimento emocional. Tive por vezes vontade de morrer, pois não encontrava solução nem via saída para os meus problemas, e ainda não me sentia apoiada por amigos e familiares. É difícil viver, eu sei. Principalmente viver uma vida sem sentido, sem poder ser você mesmo, por medo, insegurança, ansiedade, depressão. Pior ainda é a angústia de não poder fazer nada, sentir que os seus problemas dependem do "outro" – o marido ou a esposa que não muda –, a insolúvel falta de dinheiro, a falta de comunicação e/ou de compreensão nos relacionamentos, a tristeza ao receber um diagnóstico. Ou porque o mundo é injusto com você e "nada dá certo" na sua vida.

Uma vida assim cria um emaranhado de sentimentos e emoções, e parece que gastamos toda a nossa energia "fazendo" sem ter o resultado pretendido. E acabamos "fazendo" as coisas de determinada maneira porque alguém em algum momento nos disse que "daquela forma" seria a correta. E é nesse momento que nos perdemos! **Era em momentos como esses, em que havia mais do outro e das tentativas de acertar, que eu me perdia.**

Os dias são intensos. Já acordamos cansados, saímos para o trabalho sem ao menos olhar para trás, geralmente apressados, sem tempo para dizer "bom dia" para a família, quem dirá tomar um café gostoso e dizer eu te amo para quem é importante na nossa vida. Os afazeres se tornam mais importantes, por isso vamos fazendo escolhas automáticas na tentativa de ganhar tempo.

No trabalho, há uma infinidade de tarefas a serem cumpridas; o colega, que passa pelas mesmas dificuldades de não ter tempo, mal olha para você, e quando há uma conversa, é sobre o trabalho, ou **alguma reclamação típica sobre a vida.**

Pronto! Nos perdemos de quem somos, nos perdemos do que queremos de verdade, nos tornamos máquinas de trabalhar para pagar contas, afinal eu e todo mundo queremos dar um futuro melhor para a família, e você não poderia ser diferente.

Você, eu e a maioria das pessoas que conheço reagem assim; então, não se culpe. Neste livro, vamos encontrar uma solução para a sua vida ser menos pesada e ter mais sentido.

Assim como aconteceu com a Bia*. Ela veio até mim reclamando que não tinha mais "forças para viver", não sentia mais prazer nas coisas que fazia e muitas vezes não tinha ânimo para se levantar da cama e começar o que havia se comprometido a fazer. Por causa de tudo isso, ela parou de se cuidar e começou a comer mais do que precisava, pois sentia uma fome incontrolável, e recorria ao doce. Bia tinha engordado 12 quilos em menos de três meses e estava se sentindo mal, com aspecto envelhecido, embora só tivesse 28 anos. O que havia acontecido com ela? Certamente, o mesmo que está acontecendo com você.

Enquanto buscamos incansavelmente o prazer, ou a necessidade de lidar com os desprazeres, vamos também pagando o preço de viver tentando se encaixar em padrões sociais, na tentativa de nos sentir aceitos, amados e acolhidos. Com isso, matamos um pouco de nós e nos encaixamos em verdades que não são as nossas. Em uma pesquisa feita para sua dissertação de mestrado, Ricardo da Silva discorre sobre prazer e desprazer.[1] Conforme o autor, lutar para se ter prazer é lutar pela vida, é lutar pela autoconservação, e evitar o desprazer é um mecanismo de defesa. Na tentativa de nos "defender", buscamos evitar os desprazeres; e quando os identificamos, não sabemos o que ou como fazer para ficar melhor; nos sentimos tristes, angustiados, muitas vezes perdidos, e vamos nos apoiando nas

---
* Todos os nomes de exemplos de case são fictícios.
1. SILVA, R. R. F. **Nietzsche**: a noção de estímulo e a crítica do prazer e do desprazer como causas. Dissertação (Mestrado em Filosofia) – Universidade Estadual do Oeste do Paraná, Toledo, 2021. Disponível em: https://tede.unioeste.br/bitstream/tede/5668/2/Ricardo_Franca_Silva_2021.pdf. Acesso em: 11 jan. 2023.

verdades das pessoas que passaram pela nossa vida, sem ao menos questionar se fazem ou não sentido para nós.

Em determinado momento, buscar somente o prazer deixa de ser suficiente, a vida fica vazia, e começamos a fazer escolhas automáticas. Passamos então a apenas sobreviver, e não mais vivemos como gostaríamos.

Em uma sessão, ajudei Bia a pensar sobre a vida dela, e convido você também a refletir: já se perguntou por que você faz o que faz? Por que gosta do que gosta? Por que mora onde mora? Trabalha onde trabalha? Por que escolhe como escolhe?

Existe algo muito simples que, ao lutar para sobreviver, deixamos de perceber. Nossas escolhas, nossas crenças e nossa mentalidade sofrem influência de pessoas com quem convivemos. Isso acontece desde que nascemos. Você é a junção de tudo aquilo que acredita ser. Você aprendeu dessa forma porque alguém te ensinou a ser assim. E que legal que alguém pode trazer você até aqui, muitos não têm essa oportunidade, mas agora, com mais consciência, é a sua vez de assumir o "controle" da vida.

Da mesma maneira que aprendeu o que sabe, você é capaz de aprender aquilo que ainda não sabe e, por sua vez, ensinar aquilo que já assimilou. E nesse processo de aprender o novo, de buscar tomar as rédeas da própria vida, de firmar objetivos e seguir até alcançá-los, você não precisa apagar o que te ensinaram e hoje já não faz mais tanto sentido.

Bia se sentia perdida quando me procurou, mas, após alguns exercícios, livrou-se do peso de trazer consigo as opiniões dos pais. Ela não suportava mais estar casada com alguém que não a amava e não a valorizava, e por isso trabalhava em excesso para não enfrentar a realidade que vivia dentro da própria casa; tinha medo da separação, porque fora ensinada a suportar a dor, inclusive traições. Para os pais de Bia, o casamento era sagrado, e uma separação seria um pecado mortal. Embora você respeite aqueles que o ensinaram a chegar até onde está, e deva ser grato a eles, não precisa concordar com tudo o que desejam ou esperam de você. Afinal, os pais sempre desejarão o bem para os filhos, e querem vê-los seguindo aquilo que deu certo na vida deles.

Quando eu tomei a decisão de ir atender em São Paulo, minha mãe me dizia que seria perigoso, e que estar na estrada toda semana me impossibilitaria de ver meus filhos crescerem. Eu sei que aqueles conselhos eram uma forma de cuidado materno; ela só queria me advertir quanto ao que tinha acontecido com ela, e criar um atalho para que eu não sofresse. Mas, naquele momento da minha vida profissional, era preciso uma decisão ousada. Mesmo correndo riscos na estrada e perdendo algumas fases do desenvolvimento das crianças, eu sentia que precisava enfrentar o desafio e sair da incerteza de estar vivendo uma vida fracassada.

Ensinei Bia a fazer algo que Roberto Shinyashiki[2] me ensinou e gostaria que você fizesse o mesmo, um exercício que você pode fazer a seguir. Para isso, vou fazer algumas perguntas; responda-as com o coração.

ATIVIDADE: EXPANDINDO A CONSCIÊNCIA

Responda: O que faz/faria você feliz? Ou o que lhe dá/daria prazer?

_____
_____
_____

Responda: Por que isso faz/faria você feliz?

_____
_____
_____

Responda: Se você não tivesse/conseguisse conquistar isso que faz/faria você feliz, como seria a sua vida?

_____

---

2. Médico, palestrante, empresário e psiquiatra brasileiro, autor de livros sobre espiritualidade no mundo dos negócios.

Responda: Por que você precisa disso (do que faz você feliz) para viver?

Responda: Se você conquistar isso (o que faz você feliz), como se sentirá?

A nossa felicidade só é vivida quando nos sentimos equilibrados em todas as áreas da vida. Muitas vezes, o que se deseja é um casamento feliz, mas um problema de saúde ou pouca disposição podem comprometer o desempenho da função como um bom parceiro. Ou talvez o que se deseja é mais dinheiro, para ter liberdade de ir e vir; mas isso requer trabalhar em algo que não traz satisfação. Sempre quando olhamos apenas para uma área da vida, outra área padecerá de cuidados.

Recebo muitas pessoas na clínica que estão concentradas em determinada área da vida e se esquecem de equilibrar as demais. Eu sei que não somos a luz ou o ar, que podem estar em todos os lugares com excelência, portanto não há possibilidade de sermos bons pais focando 100% do tempo no trabalho, querendo dar uma vida melhor a eles. Assim como não conseguimos cuidar de tudo e ter tempo para cuidar de nós mesmos.

A vida não é linear, mas podemos criar uma rota que tenha sentido a nós. Podemos criar caminhos se olharmos para as áreas da nossa vida e darmos atenção às mais necessitadas naquele momento.

RODA DA VIDA

Para você enxergar todas as áreas da sua vida, pode utilizar a Roda da Vida, uma ferramenta de autoconhecimento criada por Paul J. Meyer[3] que serve para a carreira e a vida pessoal. Adaptei a roda apresentada neste livro para facilitar ao meu cliente e ser mais assertiva quanto à sua necessidade do dia a dia. Escolhi apresentar aqui a Roda da Vida por ser uma ferramenta visual que ajuda na reflexão sobre a vida que se está levando. Em relação a cada área da vida, você deve se questionar quanto ao seu nível de satisfação com ela. Assim conseguirá dar mais atenção às áreas que necessitam de cuidados.

Observe que a Roda da Vida é dividida em quatro classificações específicas, com três categorias cada uma. É claro que a vida não se define somente nessas classificações, mas elas podem dar um norte quanto a quem somos.

A vida se divide ainda em subcategorias ou subáreas. Por exemplo: na classificação "relacionamentos", categoria "familiar", você ainda pode ter uma subárea como filhos, ou pais, ou tios, ou avós. As subáreas são extensões do que é significativo para você, mas esse não é um exercício para agora.

Neste momento, quero que você olhe para cada uma das áreas e pontue de 0 a 10 o quanto está conectado ou desconectado da área. Quanto de energia vem gastando em cada uma? Quanta atenção reserva para cada área? Sendo que 0 significa "pouca atenção" e 10, "atenção satisfatória". Seja totalmente sincero e responda com o coração.

Essa não é uma tarefa muito fácil, certo? A proposta é que você consiga olhar para todas as áreas da sua vida para torná-las satisfatórias. Milagres, porém, não acontecem da noite para o dia, e será preciso começar a construir nosso milagre por partes.

---

3. Você pode saber mais sobre a ferramenta em: https://www.napratica.org.br/roda-da-vida. Acesso em: 26 jan. 2023.

Responda: Qual área da sua vida mais precisa da sua atenção neste momento?

_____
_____
_____

Mesmo sabendo que a decisão deva partir de você, sugiro duas coisas: **1)** A primeira área deve ser de classificação pessoal. Entendo que, quanto mais desenvolvido você estiver, mais forte estará em outras áreas. Por experiência própria, sei que olhar para si desperta o olhar para o mundo e, consequentemente, para as outras áreas da vida. **2)** Escolha qual será a sua meta alcançável até o fim desse processo. Algo que você esteja comprometido em realizar. Tenha um objetivo!

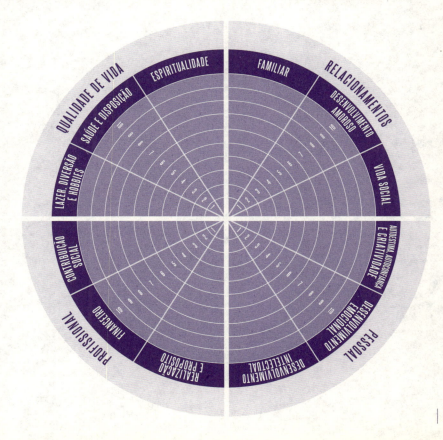

Capítulo 2

Saiba quem você é

Saiba se colocar como prioridade.

Há um tempo, percebi que estava olhando para todas as áreas da minha vida, mas não olhava para mim, e essa percepção só apareceu quando tomei um susto. Como isso pode ser possível? Olhava para o meu casamento, os filhos, a família, a minha vida profissional. Mesmo com a consciência de que precisava olhar para mim, não era da forma que eu gostaria. Às vezes, a vida prega uma peça, e foi depois de um grande susto que comecei a me cuidar.

Somos pequenos e grandes, somos alegria e tristeza, somos vida e morte, somos luz e escuridão, você é o que vive todos os dias, mas talvez amanhã não seja mais o que está sendo hoje, porque mudamos o tempo todo, a única coisa que não mudará chama-se essência.

O que eu vou contar agora me fez estar aqui e tomar a decisão de escrever este livro. Eu quase morri por não ter me cuidado; aliás, eu acreditava que estava me cuidando até sofrer um AVC aos 30 anos e receber a mensagem que eu mais temia: "Você poderia estar morta agora, seus anjos são fortes mesmo". Tudo começou em uma semana tipicamente tumultuada, com consequências típicas de uma sequência de dias assim: desorientação, cansaço e sem forças para mais nada. Senti um desconforto ocular e, por falta de tempo, usei um colírio por conta própria. É inimaginável o que a automedicação pode causar. Embora seja o caminho mais rápido e prático, automedicar-se pode levar à morte. Além de causar intoxicação, alergias e outros problemas mais graves, a automedicação, no máximo, só tratará o sintoma incômodo, mas não a causa. Quando percebi que perdi a visão lateral do lado direito e não estava enxergando muito bem, com a vista um pouco embaçada, fiquei preocupada. Liguei para um médico da minha confiança, o dr. Adriano, que me encaminhou imediatamente a um oftalmologista, que me pediu muitos exames. Foi então identificado que a "coceira nos olhos" era algo mais grave. Fui encaminhada para uma ressonância. Recebi então o diagnóstico de AVC, aos 30 anos, sem nenhuma pré-disposição para isso. Nesse momento eu percebi o quanto estava deixando de cuidar de mim. Eu já não sabia mais quem era a Luana. Eu vivia para trabalhar e dar uma vida melhor para a família. Mas e se eu não tivesse mais saúde? E se eu morresse?

Em algumas horas de consulta, entendi que não estava vivendo a minha vida como deveria. Bendito seja meu ginecologista, que me deu uma bronca por ter me automedicado. Bendito seja o dr. Ricardo, que me encaminhou ao oftalmologista ao perceber a urgência.

Se você buscou a minha ajuda, então confie em mim. As pessoas muitas vezes buscam minha ajuda, mas não seguem o que oriento. Quando alguém me procura e não segue exatamente o que indico, prefere fazer do próprio jeito, pode até fazer funcionar, mas impede que eu consiga mensurar o resultado que poderia ter seguindo a minha fórmula, muito menos entender o que aconteceu no processo. Confie em mim, e faça o que estou indicando. Muitas vezes, você deixará para

É assim que devemos fazer: procurar a ajuda de alguém em quem confiamos e que entenda do assunto mais do que nós.

depois, mesmo sabendo que precisaria fazer logo. Outras vezes, evitará olhar para dentro, por medo ou insegurança, ou porque sabe que é desconfortável olhar para as próprias vulnerabilidades.

Eu busquei ajuda em vários momentos da minha vida. Em 2019, passei por uma fase muito difícil. Tive um problema financeiro e estava com uma dívida alta, de quase um milhão de reais. Me perguntei diversas vezes em que momento teria perdido o controle para chegar àquele ponto. Além da dívida, havia muita coisa envolvida: falta de comunicação no casamento, falta de gestão financeira, problemas familiares. A real é que tínhamos que pagar a dívida de alguma forma, mas meu marido, Renê, e eu não sabíamos o que fazer. Renê havia emprestado alguns cheques para alguém muito próximo, e esses cheques teriam sido trocados por agiotas. E depois do problema instalado, é claro que a gente fica buscando culpados para encontrar a solução. Começaram as brigas, e cada um dos envolvidos tinha a necessidade de estar certo, então mais brigas e ameaças aconteciam, e a vida parecia caminhar para o fundo do poço.

Na tentativa de buscar uma solução sem sofrimento ou culpa, e de manter o casamento, prolonguei minha jornada de trabalho, estudei sobre finanças e descobri que precisava me desenvolver como pessoa. Foi quando me conectei com Roberto Shinyashiki. Estava fazendo uma live e usei um livro sobre ele para apoiar o celular, o livro cujo título tinha tudo a ver com o que eu buscava, *O mentor*.[4] Quando terminei a live, postei uma foto, e marquei o Roberto com a seguinte frase: "Live com participação especial de Roberto Shinyashiki". Ele repostou e me mandou uma mensagem que dizia: "Oi, Luana! Que legal! Adorei saber que, de alguma forma, contribuí para que você fizesse essa live tão bacana que transmitiu em seu perfil. Adorei conhecer você enquanto profissional". Olhei para o meu marido, espantada: "Meu Deus! O Roberto me respondeu e compartilhou o vídeo. Olha só isso".

---

4. LIMA, E. **O mentor**: A jornada inspiradora de Roberto Shinyashiki, um homem movido por transformar a vida das pessoas. São Paulo: Gente, 2018.

Retornei a mensagem, dizendo que ele já havia me ajudado muito, e agradecia todo o trabalho que ele vinha fazendo. No meio da conversa, recebi uma mensagem de áudio do Roberto me convidando para participar de um treinamento chamado Now ("agora"), que aconteceria dali alguns dias. Ele me concedeu dois convites, para que eu fosse conhecer o curso. Renê, meu marido, deveria ir comigo; mas, por questões financeiras, não poderíamos sair nós dois. Então, convidei minha cunhada para ir no lugar dele, assim ela pagaria nossas despesas de ida e dividiríamos a hospedagem. No treinamento, vendiam um processo de mentoria para pessoas que estavam exatamente na minha situação, mas que custava um valor absurdamente alto para as minhas condições financeiras naquele momento. Mesmo sem dinheiro e com dívidas a pagar, senti que precisava me inscrever naquele programa de mentoria. Liguei para meu marido que estava na nossa cidade, acabamos discutindo por telefone, mas, pela primeira vez, eu fiz uma escolha por mim. Eu não sabia como pagaria, mas a decisão estava tomada. Eu faria a mentoria UP, só não estava ainda claro para mim como eu conseguiria. Depois disso, não consegui mais prestar atenção no evento, fiquei horas pensando em uma alternativa para pagar a dívida e também a mentoria com Roberto Shinyashiki. Quando estamos perto de tomar decisões importantes na vida, o corpo e as emoções falam por nós.

> *Quando tem algo dentro de você que faz brilhar o seu coração, e você vai contra o que faz sentido, o seu corpo reage negativamente.*

Nesse dia, tive enxaqueca e muitas dores, passei mal, estava com medo e insegura quanto a dar certo ou não o que eu queria para minha vida. Se você está vivendo um momento de decisão, acalme seu coração, respire fundo e se permita ouvir aquela voz que vem lá de dentro.

Me chamaram para conversar com uma pessoa que trabalhava na terapia do Now. Fui muito nervosa. Estava pensativa no fim do evento, mas decidida a fazer a imersão Up, e avaliando que, caso não tivesse ajuda do meu marido, não faria sentido permanecermos juntos.

Na segunda-feira de manhã, Renê estava em trânsito, indo nos buscar em São Paulo. Eu ainda tinha atendimentos na clínica e precisava honrar meus compromissos, mas, por dentro, estava morrendo. Na esperança de que o coração duro do meu marido amoleceria, eu marquei de encontrá-lo no Instituto Gente. Conversamos muito, eu sentia que algo dentro de mim já estava diferente; e ao me permitir ouvir minha voz interior, comecei a me sentir mais segura. Naquele momento, Renê sentiu a minha mudança, passei confiança para ele, e acabamos assinando o contrato da mentoria. Quando você toma uma decisão, e opta por coisas que fazem o seu coração brilhar, a sua essência e as suas decisões mostram quem é você.

Não sabia quais seriam os próximos passos, nem como pagaria a mentoria. Mas tinha uma única certeza: aquela havia sido a escolha mais assertiva da minha vida até aquele momento. O meu objetivo com a mentoria era dar um salto na vida profissional e pessoal. Eu sabia que, ao me transformar, estaria apta para ajudar mais pessoas, e com isso ter estrutura para pagar a nossa dívida.

O Up me trouxe uma visão diferente da vida. De mim, das pessoas. Fazíamos atividades bem direcionadas e transformadoras, como, por exemplo, entrar no mato, pular no rio, coisas que pareciam surreais para a minha antiga realidade. Enquanto vivia cada uma das atividades, não entendia por que as fazia, apenas me entregava. Aqueles dias foram tão libertadores que comecei a entender e ver em mim coisas que havia anos eu não via. Olhei para traumas difíceis vividos na infância, como, por exemplo, um abuso sexual aos 7 anos. A busca pelo autoconhecimento me fez mergulhar em experiências que eu não imaginava resgatar. Ou trabalhar profundamente temas que, de alguma forma, eu não imaginava falar a respeito. Me libertei e, com isso, pude libertar muitas outras pessoas também.

> *Desenvolvimento pessoal é olhar para dentro. Olhar nossas feridas, nossas dores. E, principalmente, entender qual significado demos àquela dor.*

Claro que não pedirei que pule em um rio ou entre em uma mata, mas quero incentivar você a praticar autoconhecimento. E quanto mais você se entregar e mergulhar dentro de si, mais sentirá a liberdade de ser quem é, mais sentirá o desejo de seguir seu coração, mais aceitará o que não pode ser mudado, enfrentará o que só depende de você e sentirá vontade de perdoar e de agradecer por tudo que você vive.

> *Entregue-se para viver o que você merece!*

Ao viver de verdade, você perceberá que a vida é, por si só, um milagre divino. Cheia de flores lindas que, por sua vez, têm **muitos espinhos. Se você parar para pensar, estamos caminhando diariamente para a nossa finitude. Os segundos nos levam em direção à morte. E, infelizmente, poucos de nós teremos realizado todos os projetos que desejávamos. Poucos de nós diremos que valeu a pena viver, que viveu intensamente, e serão aqueles que souberam responder à pergunta: "Que sou eu?".**

Você é alguém que pode viver a vida e ser feliz, ou sobreviver a vida e se lamentar? Sabe o que diferencia pessoas com grandes resultados das que não conseguem realizar nenhum de seus sonhos? Pois bem: pessoas comuns passam os dias focadas em crenças atribuídas à sua educação. O grande diferencial da realização na vida não está **apenas no ato de se conscientizar do que é necessário fazer para ter.**

A sacada dos que realizam sonhos está em aprender a potencializar, adquirindo consciência sobre si mesmos, agindo e decidindo sobre os caminhos mais íntegros ao seu coração.

Conheço histórias de pessoas que nasceram em miséria financeira, social e intelectual, cheias de problemas e traumas. Pessoas que não tinham condição alguma de ter uma vida extraordinária. E, ao conhecer suas histórias, você imagina que tiveram sorte ao conseguirem "trocar o mal pelo bem". Eu me perguntava constantemente: *o que acontece com pessoas que vencem seus desafios e se realizam na vida?* Até que cheguei à conclusão de que elas aprenderam a se conhecer! Elas sabem quem são, o que querem e para onde estão indo! Elas têm um grande objetivo na vida.

Talvez sua conexão consigo mesmo aconteça através de padrões de vida que você estipulou ou estão enraizados em você. Olhe para todas as possibilidades, sob todos os ângulos, em todas as áreas da sua vida. Então, trabalhe cada uma delas de forma específica. Percebendo as fragilidades e as forças em cada pedacinho da sua vida. Seja você, escolha se cuidar, escolha ser a sua melhor versão, escolha se autoconhecer.

Nossa vida é cíclica, e precisamos aprender a respeitar esses avisos internos de: *opa! Estou olhando demais para a minha vida profissional; agora, preciso olhar para mim; estou olhando demais para a minha vida familiar; agora preciso olhar para a minha vida pessoal; estou olhando demais para a minha vida pessoal; agora, preciso olhar para o meu relacionamento.*

Precisamos aprender a nos conectar, tendo sempre as prioridades em primeiro lugar. Todas as suas prioridades de vida conectam você com a sua essência, mesmo que não sejam conscientes, ainda. Por isso, pare de evitar, controlar ou negar o que você sente. Ou deixar para depois o que é prioridade na sua vida.

Não precisamos controlar nada na vida, muito menos o choro, a raiva, o estresse. Fomos ensinados a tentar controlar, porque alguém, em algum lugar no mundo, entendeu que controlar as emoções nos faria bem; mas, não. Nosso cérebro entende assim: *se estou emocionalmente bem, estou sobrevivendo.* Você já percebeu que, quando você está triste ou acontece algo negativo, muito impactante, rola aquela sensação de fracasso, de morte, de derrota? Nossas emoções, principalmente as emoções mais intensas e negativas, nos aproximam de um processo natural da vida, que é morrer. Morremos um pouquinho quando sofremos, quando sentimos dor. Não significa morrer de verdade, significa compreender o processo e entender a lógica e a dinâmica da vida. Nascemos, vivemos e/ou sobrevivemos e morreremos. E tudo isso faz você ser você. São essas experiências que o fazem descobrir quem você é.

Depois que fiz uma série de mentorias e cursos de desenvolvimento pessoal e de inteligência emocional para trabalhar as minhas feridas e as minhas dores, descobri que é fácil se encontrar quando se está perdido. Observe as pessoas evoluídas, aquelas que o inspiram, e que já chegaram ao lugar onde você deseja estar. O que elas mais fazem? Estudam sobre si mesmas, potencializam quem são, organizam a rotina e priorizam tudo o que faz sentido na vida delas.

Nós não vamos copiar, mas podemos modelar o que já deu certo. Por que modelar? Porque ninguém nasceu sabendo. Não é copiar o outro ou querer o que ele tem. É olhar o outro e perceber que há coisas que ele faz que podem favorecer a sua vida, podem ajudar você a chegar aonde você quer chegar.

Anote isto: Independentemente do seu problema, do que está vivenciando hoje, dos sentimentos de fracasso, da ansiedade, da depressão, ou apenas da falta de clareza, saiba: sua vida é um milagre! E você é único.

TODO OBJETIVO É UMA DECISÃO PODEROSA

Como disse anteriormente, acredito firmemente que a vida é um milagre, e para que todo milagre aconteça, é preciso ter um objetivo e tomar uma decisão corajosa. Há pessoas que ficam à espera de seus milagres, como se, assim como a chuva, eles fossem cair do céu. Vivem sempre em dúvida de serem merecedoras de receber um milagre; e, quando pedem a Deus, acreditam desacreditando que a vida pode, sim, mudar. Esses certamente são os momentos em que mais esperamos conquistar nosso lugar no mundo. Esperamos o milagre acontecer, principalmente nos momentos mais difíceis. Mas, para que mudanças aconteçam, é necessário ter um objetivo e decidir persegui-lo até conquistá-lo. Basta uma decisão para começar a sua transformação. Sua decisão não precisa ser mudar o mundo. Até porque isso exigiria mudar pessoas à sua volta. O seu desejo pode ser grande ou pequeno, não importa. O importante nesse momento de decisão é escolher enfrentar os desafios até conquistar o que deseja. A sua escolha deve ter grande significado para você; ou seja, o que você decidir e escolher precisa fazer sentido na sua vida. Precisa despertar a sua essência.

Enquanto nos esforçamos para conquistar o que queremos e ter resultados satisfatórios na vida, estamos sendo motivados pelo desejo de progredir, crescer e melhorar diariamente. É necessário, portanto, estar consciente dos próprios desejos e, consequentemente, estar 100% presente a cada momento vivido. Devemos então sair do "piloto automático" que nos mantém no ritmo da sobrevivência.

Sair do "piloto automático" significa não seguir padrões simplesmente porque todo mundo faz o mesmo. Quer dizer que você precisa optar por escolher caminhos não convencionais. É não fazer o que todo mundo faz só porque a maioria segue numa mesma direção. Sair do automático é traçar o próprio caminho, criar as suas estratégias, mergulhar na direção que você deseja sem ser corrompido pelos desejos alheios. Para que seu cérebro seja companheiro de jornada nesse momento de transformação, você precisa aprender a governá-lo ao invés de permitir que ele comande você.

Segundo a filosofia do Método Supera,[5] o cérebro utiliza aproximadamente 20% do oxigênio do corpo, porcentagem essa que pode variar de acordo com a atividade praticada. Isso o torna uma máquina que produz milhares de conexões por segundo e consome muita energia no processo; contudo, os neurônios, na tentativa de manter você vivo e ativo, têm tendência a economizar energia e buscar o que é mais fácil

---

5. TEODORO, M. O que é a zona de conforto do seu cérebro? **Supera**, 3 ago. 2021. Acesso em: 26 jan. 2023.

de ser feito, e não o que você deveria fazer. Por esse motivo, temos dificuldade de fazer novas escolhas e permanecemos repetindo escolhas antigas, ou temos dificuldade de construir um novo caminho e apostamos nos caminhos já transitados que nos foram ensinados. Quanto mais você economiza energia, mais entra no modo automático; e assim vai se desconectando de seus objetivos e se sentindo menos realizado.

As pessoas estão tão ocupadas tentando sobreviver e pagar as contas que se esquecem de realmente viver aquilo que faz sentido para elas. Todos buscamos a felicidade, mas nos desviamos ao tentar alcançá-la. Vivemos ocupados demais, fazendo o que sempre fazemos. E, com isso, não temos tempo suficiente para caminhar na direção dos resultados que desejamos.

Paulo Dalgalarrondo, em seu livro *A evolução do cérebro*,[6] explica exatamente por que isso acontece. Funcionamos como se estivéssemos indo para o trabalho pelo mesmo caminho todos os dias. O cérebro é dividido em dois hemisférios. Um deles é denominado memória de curto prazo, onde armazenamos todas as informações de experiências atuais. Com o tempo, essas memórias mais significativas são armazenadas na memória de longo prazo, localizada na região do córtex cerebral, e responsável pelos diferentes caminhos neurais. Você recebe uma informação e, no pico do entusiasmo, enquanto a informação está sendo processada e o ambiente envia estímulos através de seus sentidos, alguns estímulos serão registrados e outros, descartados. As informações que ficam funcionam como um imã para outras informações já registradas na memória de longo prazo. É nesse momento que a mágica acontece. As novas informações se conectam com as antigas, e esse processo é repetido diversas vezes; **1)** Você recebe a informação; **2)** Seleciona as mais significativas para registrar; **3)** Por meio do raciocínio, cria novas conexões. Com isso, abre novos caminhos neurais. Em determinado momento, aquilo que era novo passa a ser corriqueiro e você começa a repeti-lo em modo automático. Esse processo serve para registros de coisas boas ou ruins.

---

6. DALGALARRONDO, P. **A evolução do cérebro**: sistema nervoso, psicologia e psicopatologia sob a perspectiva evolucionista. Porto Alegre: Artmed, 2010.

Seu cérebro está tão acostumado a reagir assim que, para economizar energia e sobreviver por mais tempo, opta por não mudar. E sem perceber fazemos o mesmo trajeto para ir ao trabalho, andamos pelas mesmas ruas, atravessamos nas mesmas esquinas, do mesmo lado... porque o nosso cérebro já automatizou aquele o caminho. É como se esse trajeto se tornasse "mais seguro", e estar seguro significa sobreviver por mais tempo.

Mas o que tudo isso tem a ver com objetivos e decisões? É simples! Toda vez que você permite ao seu cérebro funcionar em modo "economia de energia" ou no piloto automático, você entra na zona de conforto, o que dificulta concretizar objetivos. *A priori*, as decisões importantes também são prorrogadas e sua vida fica prejudicada.

Você nunca sairá da zona de conforto/segurança para permitir o novo se não compreender o que é automático na sua vida. Então pense sobre quais coisas você tem repetido para evitar correr o risco de se perder. Por quais ruas você não está querendo passar? O que está repetindo e poderia mudar?

A única alternativa para criar novas possibilidades na vida é fazer escolhas que lhe permitam conhecer o novo. Escolhas que no geral você não faria porque são mais longas. Escolha outro trajeto.

Aquele resultado diferente que você tanto quer está nas escolhas que não faz. Você não é obrigado a nada, mas, se quer mudar, precisa fazer escolhas diferentes das quais tem feito.

Decidir parece uma tarefa fácil. O mais difícil, e o que nos impede de ter resultados diferentes, está no peso que colocamos nas responsabilidades que assumimos com nossas decisões. A maioria das pessoas não escolhe o diferente porque não quer se responsabilizar pelo resultado disso, caso veja como algo negativo.

Para ilustrar isso, vou contar o caso de Paula. Ela sempre quis fazer um novo curso de graduação, mas, assim como a maioria dos seres humanos, tinha muita dificuldade de optar pelo novo. Talvez essa dificuldade apareça simplesmente por causa do medo de errar, de falhar, de fracassar ao escolher o novo. Vivemos como se não pudéssemos nos arrepender de ter feito escolhas. Foi assim que Paula desistiu de seu sonho. Ela não acreditava que fosse dar conta da jornada exaustiva de estudos após encerrar um expediente de quase dez horas de trabalho. Assim como Paula, ficamos com medo e desistimos de transformar nossos sonhos.

Criamos desculpas para não assumir a responsabilidade pelo nosso fracasso, desistimos antes mesmo de tentar. Pode parecer impossível, mas, talvez você só precise ajustar a rota, mudar o caminho, criar uma nova possibilidade, planejar e ver o que realmente é importante, para não viver com a sensação frustrante de nem ao menos ter tentado. Após algumas sessões de terapia, Paula resolveu seguir seu coração e buscar uma nova profissão. Precisou abrir mão de algumas responsabilidades, mas ao ajustar a rota, não precisou desistir de vez do seu objetivo.

Sobre desistir, entendo que as pessoas estão focadas no resultado final e esquecem que, para alcançar resultados, é preciso passar pelo processo. É o mesmo que começar hoje uma dieta querendo estar 10 quilos mais magro amanhã.

Se pudéssemos observar alguém desde o início da carreira pelos trinta anos seguintes na mesma empresa, certamente conseguiríamos visualizar seu crescimento ao longo dessa trajetória. Também seria possível observar os vários desafios, algumas crises e as várias mudanças de caminho.

Gostaria que você pensasse em sua vida, em seus objetivos e no resultado que espera alcançar. Até entendo que tenha pressa de estar logo com o resultado em mãos. Mas, olhando a linha tênue de todo o processo a ser seguido, é possível compreender que, qualquer resultado que desejar, precisa de um tempo para ser realizado. Observe também que haverá muitos obstáculos nessa linha, que costumo chamar de "escolhas". Quantas renúncias você terá que fazer? Quantas mudanças de rota? Pela minha experiência com o cérebro humano, te digo: não pegue atalhos!

Os atalhos na vida sempre levam para o caminho da sobrevivência. Você não está aqui porque quer sobreviver, e sim porque quer viver a vida extraordinária que merece, e possivelmente já entendeu que isso só depende das suas escolhas.

Quando compreende a importância de escolher os próximos passos com responsabilidade, você ganha consciência sobre praticamente tudo de que precisa para viver a vida dos seus sonhos.

Não faço analogia do quanto é fácil ou difícil viver. Em momento algum eu disse que escolher com o coração facilitará o caminho. Para realizar o que acreditamos ser impossível, devemos percorrer o caminho que ninguém percorre e entender que a vida acontece depois das escolhas mais difíceis. Antes de tudo, decida quem você é!

ATIVIDADE: QUEM SOU EU?

Responda: quem você é?

_____
_____
_____
_____

Pontos positivos	Pontos negativos
_____	_____
_____	_____
_____	_____
_____	_____
_____	_____
_____	_____
_____	_____

👍 ATIVIDADE: CRIE SUAS METAS

Depois de conseguir visualizar quem é você de verdade, de criar um objetivo e decidir segui-lo, é preciso traçar as metas que ajudarão a alcançar os sonhos. Metas são aliadas nesse caminho louco que é viver. Metas são freios para treinar o cérebro, e quanto mais alinhadas elas estiverem entre as áreas da vida, melhores serão os resultados.

Sua meta de vida é coerente com as informações que você preencheu na Roda da Vida? Se não for, haverá um problema ao seguir. A incoerência entre o objetivo e a meta traçada para alcançá-lo dificultará o caminho. Por exemplo: se pretendo olhar para a minha área afetiva, mais especificamente para a comunicação com o meu marido, mas ao mesmo tempo não tenho metas que me ajudem a me comunicar melhor, então não estou sendo suficientemente coerente para conquistar o milagre que desejo.

Alguém sem objetivo viverá perdido, alguém sem meta, além de estar perdido, não chegará a lugar algum.

Para melhorar a comunicação com o(a) parceiro(a), é preciso disposição a ouvir e a falar com o coração. É preciso estipular momentos durante a semana para começar a fazer o diálogo acontecer; disponibilizar tempo e atenção ao relacionamento deve ser prioridade.

É hora de listar suas metas. A seguir, separei um exemplo pessoal para facilitar a visualização da sua lista.

Observe cada área da sua vida e, na frente do Meta I, Meta II etc., defina e escreva algo possível de ser realizado. No meu exemplo, separei metas de algumas áreas da minha vida. Uma de minhas metas é estar dez horas por semana em família. Escolha sempre metas específicas, mensuráveis, atribuíveis a você, realistas quanto ao que você vive e temporais. Se possível, metas que sejam realizáveis em até um ano.

Exemplos:

Meta I. Estar dez horas por semana em família.

Meta II. Meditar uma hora diariamente.

Meta III. Me alimentar o mais saudável possível.

Meta IV. Investir em três cursos por ano.

Meta V. Faturar 20 milhões por ano.

Meta VI. E assim sucessivamente...

Agora é a sua vez! Seja específico para que, ao olhar as suas anotações, você consiga se ver concretizando cada uma de suas metas.

LISTA DE METAS

Meta I _____
_____
_____
_____

Meta II _____
_____
_____
_____

Meta III _____

VOCÊ VIVE OU SOBREVIVE?

_____
_____

Meta IV _____
_____
_____
_____

Meta V _____
_____
_____
_____

Meta VI _____
_____
_____
_____

Meta VII _____
_____
_____
_____

Meta VIII _____
_____
_____
_____

Meta IX _____
_____
_____
_____

Meta X _____
_____
_____
_____

👍 ATIVIDADE: DESENHANDO SUAS METAS

Vamos fragmentar cada uma das suas metas em passos que você precisará dar durante os próximos dias.

Tente estipular uma meta para cada área da sua vida. Caso haja mais de uma meta em alguma área, não se preocupe, escolha uma por vez para seguir.

No desenho abaixo, escreva a sua meta no círculo do centro; então visualize e anote cada passo para que ela seja realmente atingida. O que você precisa fazer para alcançá-la? Que ações você precisa executar para concluí-la? Cada ação é um passo a ser dado.

Nos círculos "passos", você deve inserir cinco ações que precisa realizar para atingir a meta.

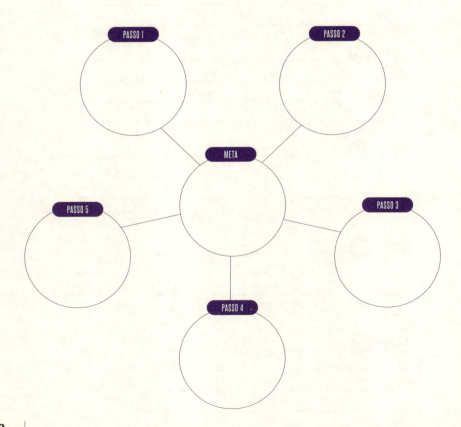

PARTE 2

Aceite o que você não pode mudar

Capítulo 3

A mudança começa em você

Andamos em uma via de mão dupla, em que tudo o que vai, volta. Preciso entender o que estou emitindo, porque vou receber exatamente o que enviar. Com isso, corremos sérios riscos. Mas a questão se torna não fazer o que se deve fazer por medo dos riscos a que estamos passíveis de correr.

Quantas vezes você deixou de fazer alguma coisa importante simplesmente porque teve medo da opinião e da reação do outro, do que voltaria para você? E depois que não fez, começou a sentir incomodado porque deveria ter feito?

Sempre que for dar algo a alguém, lembre-se: tudo o que emitimos, recebemos de volta. Tudo o que jorrar para o Universo vai voltar.

É impossível ganhar sem lutar; vencer uma corrida sem correr; ser amado sem amar; ensinar sem aprender. E, se você não acreditar em si mesmo, dificilmente lutará para ganhar. Ao se conhecer de verdade, qualquer um é capaz de mudar de comportamento e se tornar alguém melhor, para tornar o mundo melhor todos os dias. Você sai da arquibancada e entra em campo. Você mira no seu objetivo e faz o gol.

Só vamos reconhecer qual é o nosso lugar no mundo quando compreendermos nossa missão e respondermos às questões mais íntimas com paz e leveza. Aquelas às quais a maioria das pessoas não sabe as respostas. *O que eu gosto de fazer? O que me faz feliz? Do que eu não gosto? Quais meus objetivos profissionais e pessoais? Quais as minhas maiores qualidades? Quais os principais pontos que ainda preciso melhorar?*

Ao reconhecer seu caminho, a única coisa que lhe resta é enfrentar todos os desafios. E o enfrentamento só acontece através das mínimas ações diárias. Aquelas ações que, frequentemente, você evita. Aquelas ações carregadas de medo e angústia, que o fazem procrastinar ou desistir; aquelas carregadas de pensamentos negativos e crenças destrutivas sobre você mesmo e sobre a vida. Você consegue identificar agora algumas ações que deixa de executar diariamente porque estão carregadas de crenças limitantes?

Algumas situações nos fazem reclamar. E toda vez que a gente reclama, traz energia ruim. Quando eu recebi o diagnóstico de AVC, evidentemente fiquei com medo. Pensava todos os dias: *meu Deus, vou morrer, deixar meus filhos, meu marido, minha vida, meus pacientes*. Naquele momento, aceitei que estava vivendo a pior versão da Luana. Não me cuidava e não olhava para mim; minha energia estava baixa e minhas emoções estavam desreguladas. Trabalhava feito louca, por isso tinha pouco tempo para as coisas de que sempre gostei e pouca paciência, sobretudo com as pessoas que eu mais amo.

Naquele momento, eu tinha duas escolhas: me entregar à dor física e emocional ou cuidar da mente e reverter a situação.

Comecei a acreditar que era capaz de não ter mais nada. E a única coisa que sobrou foi uma sequela. Não tenho mais problema algum: vida normal, com moderação. Posso viver a vida sem ficar tentando sobreviver. Mudei hábitos, diminuí o ritmo, mudei a alimentação, e hoje posso dizer que vivo a vida na minha melhor versão.

Se eu apenas tivesse ficado reclamando: "Nossa! Olha só o que aconteceu comigo!", o que poderia ter acontecido? Possivelmente, me vitimizaria e ficaria me lamentando e reclamando para o resto da vida.

Nunca esqueça que a sua vida é um milagre e as suas superações o tornam único.

VOCÊ VIVE OU SOBREVIVE?

Como agir ao receber um milagre? Reclamando? Claro que não. Ao receber um milagre, nós agradecemos! Mas só consigo agradecer quando aceito as coisas como elas são. É preciso agradecer pela vida o tempo todo, independentemente do problema que se tenha.

Ao agradecer, mesmo enfrentando dificuldades, atraio coisas positivas, ao invés de perpetuar a escassez. Se eu reclamasse que me faltou saúde, que tive que gastar um dinheirão fazendo exames, perderia a chance de enxergar o milagre da minha vida e me desconectaria dele.

Outro ponto importante é que viver está muito conectado com caminhos que você percorre. Todos passamos por diversos caminhos na vida, o tempo todo. Todos queremos chegar a uma direção. Quando somos crianças, precisamos aprender a andar e, mesmo pequenininhos, o corpo e a mente ficam concentrados em conseguirmos andar, até aprendermos. Como adultos, precisamos focar na direção daquilo que queremos aprender, pois, onde você coloca seu foco, determina a sua vida.

A direção para onde vai é tão importante quanto a escolha do caminho. Você escolhe uma direção, todos os dias. Se você está onde está, foi uma escolha sua. Se está sem dinheiro, escolheu esse caminho. Se briga com o marido ou a esposa, é uma escolha sua que o faz brigar. O que você tem hoje na vida é porque escolheu aceitar para você.

Tudo o que você faz hoje é escolha sua. Você decide seguir ou não um sonho. Decide seguir ou não um medo. Você decide seguir em direção ao conforto ou sair da zona dela. Seguir os padrões da família ou construir novos padrões. Você decide ser a sua melhor versão ou viver expelindo mensagens com o seu pior lado.

Você não escolhe o que lhe será entregue, mas escolhe ficar ou não com o que entregam em suas mãos. Se alguém o xinga, é você quem escolhe se importar ou não com o xingamento. Você não precisa ser como seus pais e avós foram, mas precisa escolher pagar o preço de mudar, caso queira abrir mão de comportamentos aprendidos e que hoje vê que não servem mais.

Se quero um milagre, preciso começar a agradecer pelo que já recebi e aceitar o que tenho.

VOCÊ VIVE OU SOBREVIVE?

Saia da condição em que está e comece a fazer escolhas que façam sentido na sua vida.

Dificilmente as mudanças que você pretende acontecerão da noite para o dia, o processo entre decidir e fazer acontecer é árduo, mas só depende de você. Isso se chama autorresponsabilidade, e a partir do ganho de consciência, nos tornamos responsáveis por tudo o que escolhemos e permitimos que fique à nossa volta. Como diria meu mentor Roberto Shinyashiki, "depois que você ver, não dá para (des)ver". Depois que você cresce, torna-se o único responsável pelas suas escolhas. Somos responsáveis por tudo o que acontece na nossa vida.

Se está com dificuldades de evoluir, avalie as suas decisões e o comportamento que vem tendo. Preste atenção se não tem tentado encontrar um culpado para as coisas que não estão dando certo na sua vida. No final, é você quem paga o preço.

Quando eu era criança, meus avós eram mais presentes do que os meus pais. Minha mãe trabalhava muito porque queria dar um futuro bom para mim, pagar uma boa faculdade para que eu fosse "alguém na vida". Ela estava errada? Não! Mas o essencial para mim talvez não fosse o trabalho todo que ela teve para pagar uma boa faculdade. Talvez fosse a presença dela, porque, embora ela tenha acertado em muita coisa, a ausência foi algo que me incomodou e machucou. Sendo assim, pensei que não repetiria o padrão com meus filhos, porque, na minha cabeça, eu queria acertar, queria ser melhor e não gerar neles a dor que eu carregava de não ter tido a presença dos meus pais o tempo todo. Fui crescendo e o que aconteceu? Comecei a trabalhar muito todos os dias. Sempre havia uma justificativa: "Preciso pagar uma dívida que foi feita em nosso nome"; "Mensalidade da escola para dois filhos, então tenho que estudar mais, tenho que trabalhar mais, tenho que... etc.".

Um estudo de 2006, intitulado *O fantasma da repetição e a relação mãe/filha*, de Liliane Reis e Elaine Rabinovich,[7] diz muito sobre essas repetições, muitas vezes inconscientes. As famílias repetem padrões ao longo de sua história como forma de manter a estabilidade e se proteger de mudanças. As pessoas dentro desse grupo familiar podem continuar perpetuando as crenças acreditando que os referenciais vividos pelos pais, ou outros antepassados, servem como parâmetros para guiar o desenvolvimento. Essas repetições podem ser positivas, quando o padrão herdado não atrapalha o fluxo de vida, ou negativas, como no caso de Bia, a história que contei nas primeiras páginas deste livro e na maioria das vezes são inconscientes e involuntários.

Todas as vezes que repito um padrão e sou questionada sobre ele, começo a dar justificativas. Toda vez que resvalo ou entro no fracasso, começo a justificar ao invés de buscar alternativas. Justifico mesmo que esse sentido me afaste de mim ou de meu propósito. Não tem problema se, em algum momento, você der uma pausa e disser: "Aguarde um minuto, vou me reconectar e já volto!". Se precisar de um tempo, ok!

Só não faça disso uma desculpa, muito menos assuma uma posição de "coitado", baseado na autocomiseração, porque se desviará de seus propósitos.

Reconhecer também é uma escolha. Afinal, escolhemos o tempo todo. A hora em que vamos levantar, a roupa que vamos usar, se vamos tomar café ou não, e assim por diante. Se acordou atrasado, foi você que escolheu.

Se tivesse dormido no horário que sempre dorme para acordar no horário que sempre acorda, teria acordado no horário certo. O dia em que a sua vida virou uma bagunça foi porque seus atos e suas ações foram escolhas inconscientes feitas por você mesmo. O

---

7. REIS, L. P. C.; RABINOVICH, E. P. O fantasma da repetição e a relação mãe/filha. **Rev Bras Crescimento Desenvolv Hum**, v. 16, n. 3, p. 39-52, 2006. Disponível em: https://www.revistas.usp.br/jhgd/article/view/19801/21871. Acesso em: 13 jan. 2023.

que mais escolhemos? O caminho para o trabalho, para a escola, para a faculdade, para qualquer lugar, quem faz é você, quem escolhe é você. Todas as escolhas são suas.

    Quando tivemos o problema financeiro sobre o qual já escrevi aqui, foi uma dívida que escolhemos, mesmo sem, naquele momento, assumirmos isso. O Renê não sabia dizer "não". Uma pessoa muito próxima da família, muito próxima mesmo, começou a pedir dinheiro porque tinha compromissos financeiros para quitar. Como tínhamos uma pequena reserva, não dissemos não. Você ajudaria alguém que você ama ou não? Provavelmente, sim! Se você tem, você vai ajudar. Emprestamos e, quando vimos, a dívida estava em 400 mil reais. Uma dívida que não era nossa, mas éramos nós que teríamos que pagar, porque estava em nosso nome. Quando o Renê me contou, muito tempo depois, ainda tínhamos nossa própria dívida da casa própria que, somada a essa outra, chegava a quase 1 milhão de reais. Quando aconteceu, eu poderia simplesmente ter jogado a culpa no meu marido e dizer: "Foi você que permitiu. Por que não me contou? Foi você que emprestou o cheque". Poderia, porque é assim que a maioria dos seres humanos reagem. Quando o problema surge, queremos encontrar um culpado, não assumimos que a culpa também é nossa. No nosso caso, ao invés de jogar a culpa nele, pensei: *poxa! Se, desde o começo, eu tivesse participado da vida do meu marido e, principalmente, ajudado a decidir sobre nossa vida financeira, não teríamos chegado a esse ponto, nem tido esse problema. Mas, também, não estaríamos vivendo a vida que vivemos.*

    Eu nem ao menos sabia a senha da minha conta bancária, quem cuidava de tudo era ele. A culpa é dele ou minha, de não ter feito questão de uma coisa importante para mim? A responsabilidade também foi minha.

    Toda vez que você se responsabiliza pelas coisas que acontecem em sua vida, viver se torna mais leve. Quando estiver em um momento difícil, precisando resolver algo, faça um termo de responsabilidade com você mesmo. Afinal, você é responsável por tudo o que acontece em sua vida.

Para ajudar você nessa tarefa, separei um termo simbólico que me ajuda a me comprometer com as coisas que me proponho a fazer. É um termo simples que também vai ajudar você.

ATIVIDADE: TERMO

ASSUMINDO A RESPONSABILIDADE PELA MINHA VIDA

Eu, _____
_____, decido aceitar abrir mão das coisas que eu não posso controlar, e, sobretudo, decido enfrentar tudo o que depende de mim.

Me torno a única pessoa responsável pelos meus resultados e por concretizar a meta _____
_____
_____, escolhida por mim, até a data _____/_____/_____.

Com compaixão, amor e sabedoria.

_____, _____ de _____ de 20_____.

_____
Assinatura

Ao se tornar responsável por todas as suas escolhas, você vai compreender que focar na dor e no prejuízo de uma escolha errada, além de não resolver o seu problema, o desconecta de sua essência. Focar na dor ou olhar para as impossibilidades não tem a ver com esquivar-se do que fez de errado, mas com pensar sobre o que fez de errado para não errar de novo, para não repetir o erro. É o mesmo que aceitar. No fundo, aceitar não se trata de concordar, e sim compreender que não temos controle sobre todas as coisas.

Quando você aceita algo que não pode mudar, não significa que está concordando, mas que compreendeu que não tem controle sobre todas as coisas.

Capítulo 4

Adquira um novo hábito, agora

Quanto tempo você costuma reservar para si mesmo? Para fazer algo que traga crescimento pessoal? Esta leitura pode ser considerada algo assim. Não quero que assuma um compromisso só porque eu disse para fazer isso. É preciso fazer sentido para você e estar alinhado ao seu propósito; e que você queira se aprofundar na sua essência.

Você está lendo este livro porque acredita que posso ajudar. Quando você vai ao médico e ele prescreve um medicamento, o que acontece? Se você tomar, vai melhorar. Mas há quem abandone o tratamento depois de melhorar porque acha que tem o controle sobre a doença ou o problema. Você sabe o que é preciso, só não sabe como fazer ou faz da maneira errada.

> *Você está lendo este livro porque acredita que posso ajudar. Acredite mesmo e se entregue. Vamos, juntos, lapidar o diamante que está aí dentro de você.*

Existe algo em sua vida que você gostaria de mudar mas não consegue? Já começou a fazer algo que queria muito, mas parou na metade do caminho? Quando queremos mudar algo, é preciso buscar estratégias que facilitem a nossa jornada. Muitas vezes, precisamos construir novos hábitos e, por hora, abrir mão de outros.

Por exemplo, se você quer emagrecer, não pode continuar comendo fast food e deve buscar outra alternativa. Sugiro que passe no mercado e compre comidas saudáveis. Providencie potes de armazenamento que possam ser congelados e dedique algumas horas no preparo de sua comida para a semana toda. Além disso, comece a acordar meia hora mais cedo para fazer uma caminhada, um alongamento, um exercício aeróbico.

Se o seu desejo é manter a mente mais saudável, sugiro que crie o hábito de meditar. Se o seu desejo for fazer mais dinheiro, pense em algo para vender de forma rápida. Se for mais saúde mental, crie então o hábito de mergulhar em si e se fortalecer através do autoconhecimento. Se for se conectar mais com Deus, separe alguns minutos do dia para fazer suas orações. Para qualquer coisa que você queira mudar na vida, precisará criar novos hábitos.

A palavra-chave para conseguir tornar rotina as boas atitudes e construir um hábito chama-se repetição. Depois você precisa de um pouco de vontade, esforço e persistência. Volto a mencionar o quão importante é ter um objetivo nesse momento.

Podemos dizer que um hábito é como uma rotina de comportamentos repetidos regularmente, ou seja, você precisa realizar repetidamente o mesmo comportamento para construir o hábito que deseja.

No meu caso, criei uma rotina energética para manter mente, corpo e alma equilibrados; com isso, tenho mais segurança e autoconfiança na hora de resolver os meus problemas. Logo ao acordar, meu primeiro desafio ao abrir os olhos é responder à seguinte pergunta: *o que a minha melhor versão não pode deixar de fazer hoje?*, então faço as minhas orações e anoto os pensamentos que vêm. Eu me levanto da cama, faço a higiene pessoal, medito e vou movimentar o corpo. Em alguns dias, faço caminhada; em outros, atividades aeróbicas; em outros, muay thai. Volto para casa, tomo banho e começo meu dia. Essa rotina se tornou um hábito na minha vida, e não abro mão dela, pois é o meu momento de autocuidado.

É importante criar hábitos para não sobrecarregar o cérebro com atividades que ele já sabe fazer. Assim mais esforço e energia são dedicados a decisões, novos aprendizados e problemas que vão surgindo no dia a dia.

Como disse anteriormente, olhar para mim e cuidar das minhas emoções foi a chave principal para resolver grande parte dos meus problemas. Eu tinha a meta de mudar a minha vida, mas, ao olhar para ela, percebia que todas as áreas precisavam de ajuda, e se eu focasse no todo, não teria saído do lugar, então resolvi cuidar primeiro de mim e das minhas emoções. Isso me daria forças para mudar minha vida como um todo. Ao praticar uma rotina saudável, percebi que alguns comportamentos não ajudavam somente em uma determinada área, contribuíam para o equilíbrio e a organização de todas. Por exemplo: Ao praticar exercícios físicos, percebi que minha saúde e minha autoestima melhoravam, e também tinha mais disposição para trabalhar. Ao cuidar da alimentação, percebi que, além da saúde, meu corpo também se modificava. Quando eu fazia as orações, me sentia mais humana, ficava mais próxima de Deus e das pessoas. Um bom hábito pode mudar uma vida inteira!

Nas próximas páginas, vou ensinar você a praticar meditação. Mesmo que nunca tenha meditado na vida, você vai perceber que, além de fácil, é libertador.

Comece a olhar mais para dentro de si, para as prioridades. Todas as decisões, a partir de agora, serão voltadas para o que tem aí dentro. A resposta que você tanto quer está onde você mesmo espera: dentro de você.

ATIVIDADE: SEPARANDO O OURO DO LIXO

Há algum tempo, em uma aula com meu mentor, ele me disse: "Devemos separar tudo na vida como se fosse ouro e lixo. Não existe outra classificação, e toda vez que você escolher algo, separe o ouro do lixo". Ele me disse tão firmemente que nem tudo era importante, e que, enquanto eu estivesse dando grande importância a coisas que são lixo, eu não mudaria de vida. Minha escolha a partir daquele dia foi separar meu ouro e meu lixo. Escolhi não gastar energia com o que é lixo. Defini três coisas mais importantes, fiz uma lista de prioridades e foquei principalmente no meu ouro. Foi ali que compreendi o valor real da minha vida, que descobri a essência da vida se misturando à minha essência. Esse exercício permitirá a você se tornar a sua melhor versão. Meu convite agora vai muito além de decidir por algo importante. Convido-o a lapidar seu ouro. Topa?

Ouro　　　　　　　　　　**Lixo**

_____　　_____
_____　　_____
_____　　_____
_____　　_____
_____　　_____
_____　　_____
_____　　_____
_____　　_____
_____　　_____
_____　　_____
_____　　_____
_____　　_____
_____　　_____

PARTE 3
Enfrente seus desafios

Capítulo 5

Meditação: uma ferramenta para mudar a sua vida

Quero apresentar e propor a você a prática da meditação. Descobri que é uma ferramenta que ajuda muito a enfrentar os desafios no dia a dia. Pouquíssimas pessoas têm o hábito de meditar. Conforme um estudo realizado pelo V. Trends após a pandemia de covid-19,[8] houve um aumento de 45% no número de pessoas que praticam meditação para cuidar da saúde emocional, reduzir a ansiedade e melhorar o sono. Meditar é uma ferramenta que compõe a chamada "Inteligência Emocional" e nada mais é, em nosso caso, do que estabelecer contato com a criança interna, a nossa criança interior.

Essa criança interna reage muitas vezes por nós. Vejo, frequentemente, adultos fazendo birra. E garanto que você também faz birra toda vez que alguma coisa foge ao controle, porque a sua criança interior começa a se manifestar de acordo com o significado que o seu cérebro deu até então. E quando a sua criança começa a se manifestar, você entra em um caminho que não é aquele que faz sentido.

A sua criança vai fazer birra, pirraça e colocá-lo numa posição que talvez não era a que gostaria, mas aconteceu. Você não consegue meditar, não tem concentração, não tem foco. Nesse caso, o que se deve fazer é aprender.

É preciso crescer para compreender a vida de outra forma. O grande problema da nossa humanidade é comunicar a razão – representada na figura do adulto – e a emoção – a criança que habita em nós. Ignoramos nossos sentimentos e agimos de forma totalmente racional. Você ainda pode não ter consciência disso, mas, em algum lugar, em algum momento da sua vida, você é um líder. E o mais importante:

---

[8]. PRÁTICA de meditação aumenta durante a pandemia no Brasil. **Metrópoles**, 7 mar. 2022. Disponível em: https://www.metropoles.com/dino/pratica-de-meditacao-aumenta-durante-a-pandemia-no-brasil. Acesso em: 13 jan. 2023.

você é o líder da própria vida e, principalmente, o responsável por tudo o que acontece com você. Se as coisas estão dando certo, parabéns, o mérito é seu. Porém, se não está bom, isso também é resultado de suas decisões e ações. A culpa não é de ninguém, não é do governo, do país ou da sua família. A responsabilidade está dentro de você, "travada" juntamente com aquela criança.

Mas não se apavore, tudo é resultado de suas escolhas e do que você semeou na mente e no coração. Para destravar a "criança" que está dentro de você, permitir que a sua vida flua e respostas internas apareçam, é preciso aprender a meditar. Embora não seja uma tarefa fácil para mentes mais agitadas, é muito simples. Eu garanto!

Não se cobre, nem se julgue tanto, antes de experimentar. O faixa preta só se torna faixa preta depois de treinar muito. Se você começar hoje a fazer algo que nunca fez, certamente cometerá erros e vai tropeçar. Só chegará a ser bom no que acabou de começar depois de treinar muito. É no processo que aprendemos as coisas, do básico ao avançado. Daí a necessidade de valorizar e respeitar os processos. São eles que nos levarão ao lugar que pretendemos estar.

E tudo começa com o primeiro passo. Se você nunca meditou, hoje é o dia de fazer isso pela primeira vez.

Se não consegue se concentrar por muito tempo, concentre-se quanto conseguir, e permita-se evoluir a cada dia, de forma que, no caminho, você vá se aperfeiçoando.

Treinar, praticar, fazer diferente. Não deu? Faça de novo. Do mesmo jeito? Não! Nós vamos buscar estratégias para fazer diferente, de outro jeito. Na hora da meditação, se desconcentrou? Volte, com carinho, com cuidado, sem se julgar, sem se criticar. Você foi longe? Volte! Sem pensamentos, sem justificativas, simplesmente esteja.

Tem dificuldade de manter o foco? Sem problemas. Na meditação, só precisa focar na respiração e na voz que está conduzindo. Nesse caso, na leitura que fará a seguir, no Guia para meditação, ou, se preferir, no áudio gravado que está no QR Code logo no início do guia.

Outra variável importante é a emoção. Se você ficar emocionado, não segure, deixe as sensações virem. A grande sacada é o que você sente, e não o que pensa ou o que faz. Quando sente o que sente, seu coração brilha e as coisas começam a acontecer. Concentre-se no que você está sentindo.

Então, o dia de começar a praticar a meditação é hoje! Do jeito que conseguir, para evoluir a cada dia.

Para começar, alguns conselhos básicos até você encontrar sua melhor forma de meditar. Toda vez que estiver com o pensamento longe, volte, porque, toda vez que você volta, está se reconectando consigo mesmo.

A meditação através da respiração oxigena o cérebro, potencializando as sensações internas, nos motivando a caminhar para onde queremos, trazendo mais clareza para a vida. Na meditação, podemos trabalhar a consciência física; por exemplo, a consciência corporal, a consciência dos nossos problemas e das áreas da nossa vida. De forma objetiva, a posição mais indicada para meditar é sentado, com braços e pernas descruzados.

Geralmente, quando nos fechamos, e cruzamos braços e pernas, temos maior dificuldade de aceitar e permitir a entrada de informações importantes. No processo de meditação você está se conectando com sua alma, com você, então precisa estar aberto para receber energia positiva.

Coloque as mãos sobre as pernas, na região das coxas. Esteja consciente, fique relaxado, mas não a ponto de cochilar. Esteja em uma posição confortável, mas que não permita se desligar 100%. Não é esse o propósito da meditação. Meditar não significa se desligar, a não ser que seja esse o propósito e a condução da meditação que você esteja fazendo.

A proposta da meditação é você se conhecer. Há também certos tipos de meditação para fazer deitado, mas quando já estiver familiarizado com a prática, de forma que consiga controlar o ímpeto do sono. Evite abrir os olhos antes de terminar. A tentação de dar uma sondada no entorno deve ser evitada.

No momento da meditação, não há nada mais importante no entorno do que o que há dentro de você. Olhos abertos, mundo externo. Olhos fechados, mundo interno.

Em todo processo de autoconhecimento, estaremos voltados para dentro de nós, e não para fora. Não é no que fez, não é no seu passado, não é no seu futuro, mas em seu momento presente. Volte para dentro, para conteúdos emocionais registrados ao longo da vida. Então, você caminhará por sua infância. Às vezes, vai passar por momentos legais; às vezes, por momentos difíceis. Olhar para dentro vai fazer você se conectar muito mais com aquilo que precisa ver. Receberá imagens mentais que não virão por acaso. Nada é por acaso. Imagens vêm para mostrar algo; não as ignore.

Terminada a meditação, registre o que viveu. Já de olhos abertos, registre o que mais sobreveio. Uma imagem, uma frase, uma música, o que mais expressar o que sentiu. Agora, tente ler e gravar o Guia para Meditação a seguir. Após a leitura, você conseguirá usar a sua própria voz para guiar-se nessa aventura interna, caso ache interessante.

GUIA PARA MEDITAÇÃO

Desligue o celular. Certifique-se de que não será interrompido. Sente-se em uma posição confortável, descruze braços e pernas, respire fundo, feche os olhos e mantenha as mãos sobre as pernas. Vá respirando e relaxando. Sentindo o corpo ficar leve, liberando os músculos.

Aponte a câmera para o QR Code ao lado para ter acesso ao áudio da meditação guiada

Conte lentamente de 10 a 1 e, à medida que for contando, entre cada vez mais dentro de si.

10. Inspire profundamente, enchendo o pulmão de ar, e expire;

9. Vá se conectando cada vez mais consigo mesmo;

8. Ouça apenas a sua voz, comece a sentir com consciência o seu corpo. Suas pernas, seus pés;

7. Perceba uma luz entrando como se fosse pela sola dos pés, subindo por todo o seu corpo;

6. Inspire profundamente e expire, relaxe mais;

5, 4, 3. Relaxe cada vez mais. Sinta como se estivesse flutuando;

2. Agora, você está totalmente conectado com seu interior, sentindo o corpo leve;

1. Aos poucos, imagine que você está se colocando em frente a um espelho. Comece a se olhar: olhe para seu rosto, seu cabelo, como está se sentindo.

Comece a perceber como está seu corpo hoje, como estão seus pensamentos. Inspire profundamente e expire. No reflexo do espelho, você vai olhar dentro dos seus olhos e enxergará a sua alma, a sua vida, como se ela estivesse passando em um filme. Lá no fundo, há uma imagem. Que imagem é essa?

Quando você olha para sua imagem refletida no espelho, esse "eu" está querendo dizer alguma coisa. O que ele está dizendo? Escute com atenção, preste atenção no que a imagem refletida nesse espelho lhe diz. Essa mensagem vem de dentro do seu coração.

O que a sua alma diz para você? Respire fundo e solte. Veja sua vida como se fosse um filme. Cada parte desse filme é uma fase da sua vida. Aí de onde você está vendo esse filme, consegue também ver todas as áreas da sua vida. Passe agora pela área pessoal e se pergunte: quem é você? Quem é essa pessoa refletida no espelho, quem é essa pessoa que você vê? Ela tem autoestima? Ela se cuida? Ela se ama? Ela se sente forte ou fraca? Como está essa área da sua vida?

Agora, caminhe pela área familiar. Olhe para o seu relacionamento, olhe para dentro da sua casa, para a sua relação com seus pais, mesmo que seus pais já tenham partido. Como era essa relação?

Como é hoje? O que você sente por ter tido pais como os seus? Observe também o relacionamento com as outras pessoas da sua família, avós, tios, primos, ou quem mais fizer sentido para você. Como é essa relação? Como anda a sua comunicação? Como você tem se comunicado com as pessoas da sua família? O que você vem enfrentando dentro da sua casa? Respire fundo, solte.

Agora, observe a sua área afetiva. Como andam seus relacionamentos? Você é casado? Solteiro? Namora? Com quem você tem se relacionado? Olhe para cada pedacinho desse relacionamento, para a comunicação de vocês. Você se sente compreendido? Você consegue comunicar o que deseja? Você consegue perceber o que seu parceiro ou parceira deseja? Inspire profundamente e expire.

Caminhe, agora, até sua vida social. Quem são os seus amigos? Com quais deles você pode, de fato, contar? Quem são as pessoas mais próximas? Como você se comunica com essas pessoas? Como é o seu envolvimento com a sociedade da qual você faz parte? O que você tem feito para beneficiar o próximo? As pessoas precisam da sua ajuda e podem contar com você? Como é seu comportamento social? Agora, olhe para o seu trabalho. Como você se sente ao pensar e falar nele? Você trabalha no que você ama? Faz o que você gosta? Se não, por quais motivos não faz isso?

Converse com a imagem refletida nesse espelho, diga algo que ela gostaria de saber. Agora, inspire profundamente e expire, e então escute o que ela está dizendo, sua alma tem muito a falar para você. As cenas estão passando e você está caminhando até a sua vida financeira. Como está hoje? Você está satisfeito com o que ganha? Se não está satisfeito, o que é ideal para você? Com qual valor mensal exato você estaria satisfeito? O que você quer fazer com o dinheiro que ganha? E o que faria com o dinheiro que gostaria de ganhar? Qual é seu propósito financeiro?

Olhe também para a sua saúde. Como ela está atualmente? Há quanto tempo você não pratica exercícios físicos, vai ao médico, faz exames? A quanto tempo você não cuida de você? Não se alimenta direito? Permite que qualquer coisa entre em seu corpo através dos alimentos? Inspire profundamente e expire.

Vá caminhando até os seus momentos de diversão, aquele momento em que você está relaxando. Como estão acontecendo? O que você tem feito para se divertir? Como você tem cuidado dos momentos para se sentir relaxado?

O que tem feito para desenvolver a sua vida intelectual? Tem lido? Tem buscado se desenvolver? Tem buscado aprender? O que você tem feito para estimular cada vez mais a capacidade cognitiva?

Como anda sua vida emocional? Tem experimentado vivenciar suas emoções de forma plena ou tem fugido da raiva, do medo, da tristeza? Como tem se conectado com a espiritualidade? Quais são as suas crenças? No que você acredita? Por que você veio ao mundo? O que você veio fazer aqui? Qual o seu propósito, sua missão? Inspire profundamente e expire.

Agora, olhando para a imagem refletida no espelho, diga para ela qual é o seu maior desejo, o que está lá no fundo da sua alma, conte como você está hoje. Se está satisfeito, se está no lugar onde gostaria de estar. Se não está, por que não está? Conte para a sua imagem, para a sua alma, onde você gostaria de chegar. Traga a imagem do seu maior desejo e agradeça ao seu reflexo por esse diálogo. Seja grato à sua alma. Inspire profundamente e expire.

Mais uma vez, Inspire profundamente e expire. Aos poucos, volte para o aqui e o agora. E, no seu tempo, abra os olhos. Termine agradecendo à sua alma e a si mesmo por esse momento, por sua alma e seu interior terem lhe mostrado coisas que você precisava ver e sentir.

ANOTAÇÕES PÓS-MEDITAÇÃO

O que aconteceu (sentimento) com você a partir da meditação?

_____
_____
_____

Quais os maiores insights após meditar?

O que foi mais difícil e o que foi mais fácil?

Na próxima, tente repetir, do seu jeito, sem cobranças. A prática o tornará bom, e praticar bons hábitos é o que o fará mudar, virar a chave e deixar de sobreviver a vida para começar a viver de verdade. Só faça. Sem pressa, sem culpa, sem desanimar. Lembre-se: **seu cérebro precisa de repetição para entender que você já sabe e registrar como novo hábito.**

Nenhuma transformação é mais poderosa do que aquela que começa dentro de nós mesmos.

👍 ATIVIDADE: OLHE PARA SI

Como você está depois de ter olhado para dentro de si?

Sempre que for responder a alguma pergunta sobre você, comece usando frases com "Eu" na frente. Por exemplo: "Eu estou..."; "Eu me sinto" etc. Isso facilita o registro de uma nova crença, e você consegue ter mais assertividade, poder e confiança em si mesmo.

Conseguiu perceber como é possível? Como é incrível? Como esse encontro tão simples consigo mesmo pode ser transformador?

Agora, é só fazer disso um hábito e aprender a conversar com seu eu interior de forma que sua alma diga coisas que só ela enxerga e só ela pode dizer.

Se esse exercício parecer estranho no início ou não produzir os efeitos que você espera, acredite:

→ Cada pessoa tem uma forma de agir e reagir dentro da amplitude do que pode ser a meditação.

→ Como mencionei antes, todo processo acontece para o nosso amadurecimento. O que você começar hoje, amadurecerá com o tempo e, cada vez mais, fará sentido e trará benefícios inimagináveis.

Só não desista de adquirir esse novo hábito.
Novos hábitos, nova vida.
Agora, preencha as seguintes afirmações:

Eu sou _____
_____

Eu tenho _____
_____

Eu desejo _____
_____

VOCÊ VIVE OU SOBREVIVE?

Eu mereço _____
_____

Eu posso _____
_____

CORAGEM PARA VIVER O PROCESSO

Ninguém constrói nada sem um objetivo. A construção é fomentada pelos valores que temos ao desejar algo, e isso inclui a energia que estamos dispostos a regar para conquistar pequenos resultados diariamente. A maioria das pessoas tem dificuldade de estabelecer objetivos e metas, e principalmente de manter o foco no cumprimento das tarefas que proporcionarão a superação das metas e o alcance dos objetivos ao longo da jornada.

É comum ter em mente vários sonhos e desejos. Crescer profissionalmente, viajar a lugares interessantes, comprar uma casa maravilhosa ou um mega carro, crescer espiritualmente. Você tem anseios ao longo da sua existência e quer realizá-los. Entretanto, para alcançar os resultados, é fundamental ter metas e objetivos devidamente organizados e claros. É preciso planejamento; mais do que isso, é preciso curtir o processo e ter muita coragem.

Estabelecer objetivos requer pensar no que realmente faz sentido em nossa vida, o que desejamos, e, principalmente, o que queremos conquistar. Você tem um objetivo na vida? Embora cada ser humano tenha suas particularidades, todos nós buscamos o mesmo propósito na vida: ser feliz. Os caminhos podem ser diferentes, até mesmo os sonhos, mas a real é que todos os seres humanos desejam ser felizes. E, ao encontrar desafios ao longo do caminho muitos desistem de encontrar a verdadeira felicidade.

Se eu perguntar a você qual o nível de felicidade que busca na vida, dando uma nota de 0 a 10, sendo 0 igual "não busca ser feliz" e 10, "realização e sucesso", com toda certeza a sua resposta seria 10 ou próximo a isso. Todos nós buscamos ser felizes. Mas e se eu contar que poucas pessoas no mundo vivem uma vida plena e feliz, e a grande maioria apenas sobrevive todos os dias?

Sobrevivem para pagar boletos, para se alimentar, realizando as coisas de forma automática, seguindo um padrão social e familiar. De nada adianta desistir no meio do caminho quando o desafio surgir. Problemas vão aparecer diariamente, e o que diferencia o seu problema dos que todo mundo tem é a sua disposição para resolvê-los. Os boletos vão chegar para todos. Para uns, um pequeno valor cobrado pela vida já é um tremendo sacrifício; para outros, não importa o valor e como a vida está batendo, mas o que será aprendido após o desafio ter sido enfrentado ou superado.

O processo sempre será mais importante. Acredite: é satisfatório chegar ao final, mas o prazer está no processo. Isso serve para tudo na vida. Quando descobriram que você viria ao mundo, seus pais e as pessoas ao redor deles estavam ansiosos pela sua chegada. O processo de espera pode ser difícil ou fácil, depende dos olhos de quem está vivendo. Você nasceu, e certamente seus pais não viam a hora de conseguirem dormir uma noite inteira.

Seus professores ficaram ansiosos para ver você escrevendo e lendo, depois você ficou doido para crescer e poder fazer as coisas que crianças não podem fazer. Deve ter ficado ansioso para acabar logo a fase do vestibular e entrar para a faculdade, depois não via a hora de conseguir uma oportunidade no mercado de trabalho.

Em algum momento você deve parar um pouco para pensar em todos esses processos que já superou, e quantos deles ainda tem para viver. A vida é sobre os caminhos que seguimos. A beleza está na estrada pela qual você escolhe passar. No fim de tudo, a diversão está no processo, na construção do que você deseja. Quantas festas você já organizou? Experimente fazer uma. Garanto que vai curtir muito pensar em tudo para deixar os convidados satisfeitos. Até porque, uma hora, tudo acaba. E temos a oportunidade de recomeçar, programar a vida novamente. Exceto quando esse fim é a morte. Quando chegamos ao fim da vida, não dá mais para viver o que deixamos de viver. É impossível recomeçar um sonho depois que você morrer.

VOCÊ VIVE OU SOBREVIVE?

Entenda esse momento como uma súplica: faça agora o que você deseja fazer; conecte-se consigo mesmo antes que seja tarde demais.

Dê pausas, pense, reviva coisas importantes para você. Observe o que você já fez e que funcionou. Repita.

Nos últimos tempos, qual foi o momento em que você se sentiu mais feliz? _____
_____
_____
_____
_____

Quem eram as pessoas que estavam com você? _____
_____
_____
_____
_____

Quando você relembra esse momento, que pensamentos vêm à sua mente? _____
_____
_____
_____
_____

O que você está sentindo agora? _____
_____
_____
_____

Como está o seu humor comparado a como estava semanas atrás? _____
_____
_____
_____
_____

Qual é a lição mais importante que você aprendeu com a história dos seus pais? _____
_____
_____
_____
_____

Qual é o maior aprendizado da sua vida? _____
_____
_____
_____
_____

Ao longo da minha trajetória como profissional do Desenvolvimento Humano, percebi dois pontos importantes no comportamento dos meus clientes que não conseguem conquistar resultados: **1)** não se conhecer efetivamente; **2)** ter grandes dificuldades na caminhada até o sucesso. Essas pessoas não param para pensar sobre si mesmas. Elas não fazem perguntas a si mesmas. Não se conhecer é um dos obstáculos que você enfrenta no caminho, e a falta de autoconhecimento compromete a coragem de enfrentar.

Tive um paciente que achava que tudo estava bom. Para tudo, ele dizia: "Você quem sabe". Mas no fundo ele queria dar a sua opinião e não tinha coragem suficiente para fazer isso. Ele não parava para pensar sobre a vida dele e, além de ser homem e durão, tinha sempre uma fala do tipo "Você não entende porque é mulher". Como se os homens não pudessem se olhar, se cuidar; como se não tivessem sentimentos. Como se não pudessem sofrer e, se sofressem, não pudessem chorar e pedir ajuda, ou demonstrar fraqueza. Além de Pedro, também há muitas mulheres assim. Esse é apenas o comportamento de alguém que não se conhece e acredita ter que carregar o mundo inteiro nas costas. Passam a vida com esses pesos e desenvolvem depressão severa. Quando Pedro chegou ao fundo do poço, procurou ajuda e aceitou mudar a vida, decidiu enfrentar os desafios (travas) emocionais e compreendeu que homens e mulheres são seres humanos e merecem cuidados. Certamente ele aprendeu a lição.

Existem várias formas de chegar ao seu destino final e ter vivido de verdade a vida. Vou apresentar um cálculo simples, mas que é vida para quem está apenas sobrevivendo.

> **Fórmula para o sucesso:**
>
> *(você saber o que quer) + (saber quem é) + (ter motivos [existenciais] para realizar o que quer) = alcançar o resultado*

É claro que executar essa fórmula exige um esforço extraordinário, ou maior do que o comum, além de crenças positivas e confiança em si mesmo. Mas a equação que o levará a conquistar o seu milagre também despertará em você o melhor que existe aí dentro. Aquela criança interior ganha poder e espaço para dar outro significado a tudo o que foi aprendido e não fazia sentido. A sua criança interior renasce. Nesse momento, seu adulto já maduro entra em ação, e tem uma nova oportunidade para viver com paz e leveza e ter prazer nas coisas que mais fazem sentido serem vividas.

Capítulo 6

Decida ser o melhor que puder ser

Com tantos novos eventos nestes últimos anos covid-19, muito se tem falado sobre "decisões". Aliás, temos sido convidados a tomar decisões importantes o tempo todo, principalmente com a nova era tecnológica, as redes sociais e o novo mercado. Conduzimos a vida de forma cada vez mais acelerada. Estamos sempre correndo, cheios de tarefas a concluir, com a sensação de que os anos começam e terminam num piscar de olhos. Estamos gastando o tempo sem perceber. Usamos a tecnologia, as redes sociais e o mercado on-line dentro de um aparelho celular que faz tudo, inclusive desperdiçar seu tempo. Num clique, você marca uma viagem, faz as compras do supermercado, adquire roupas novas. As decisões já estão tomadas, as metas e objetivos registrados. Você trabalha mais, afinal o celular está cheio de trabalho e vai até a sua cama. Você não tem mais tempo para a família, mas, se sentir saudades, é só fazer uma *call*. Tempos novos, modernos, que nos obrigam a agir instantaneamente. Você tem mais campo para comparações e corre para não perder o "valor imperdível" dos inúmeros anúncios que já chegam para você só por ter pensado em algum item. O tempo passa e você não viveu tudo aquilo que queria viver com as pessoas que você ama.

Eu tenho uma experiência muito negativa para compartilhar. Em março de 2021, na quinta-feira que antecedia a Páscoa, tive uma briga familiar. Não estávamos podendo fazer reuniões com várias pessoas por causa da pandemia, e minha avó, que sempre adorava receber visitas em casa aos domingos – irmãos, filhos, netos e sobrinhos –, havia um ano não tinha mais o gosto de ter todo mundo juntinho.

Assim como na maioria dos fins de semana durante a pandemia, naquela Páscoa eu levaria minha avó à minha casa para que ela não pensasse na ideia de convidar todo mundo para a casa dela. Mas não temos controle sobre tudo, e minha avó disse que, daquela vez, preferia ficar na casa dela, e que já havia, inclusive, chamado um dos seus irmãos para ficar com ela.

Num primeiro momento, não a questionei, embora tivesse ficado muito irritada por ela ter descumprido o nosso combinado. Mas quando descobri que ela havia chamado todos os irmãos para confraternizar na casa dela, sem que seus filhos e netos soubessem, a briga começou.

Dois dias depois, minha avó amanheceu doente, gripada e com todos os sintomas de covid-19. Um medo se instalou em nossa família. *Ela não vai aguentar* – era o que a gente mais pensava. Mais dois dias, e minha avó foi para o hospital. Lá, nos disseram que o caso era muito grave.

Passou um filme pela minha cabeça. Medo, angústia e muita ansiedade tomavam conta de mim. Por que a minha avó não me escutara? Porque seus irmãos, mesmo sabendo que os filhos não aprovavam, e que a saúde dela era frágil, assumiram esse risco e a colocaram naquela situação? Nunca saberemos a origem do contágio, inclusive nunca saberemos se foi o contato com os irmãos ou ela ter saído às escondidas para ir ao banco, dias antes de testar positivo. Nunca teremos uma resposta, muito menos teremos minha avó de volta. A única coisa de que tenho certeza é que escolhi cuidar dela antes de ela partir. É que me dediquei durante muitos fins de semana para estar ao lado dela. Mesmo com a correria do trabalho, eu me obrigava a ir visitá-la. Por vezes, abri mão de momentos de descanso para cuidar dela, e sou feliz por ter abdicado de escolher o que fazer no meu último aniversário que passei com ela para levá-la ao Beto Carrero, como ela queria. Ao cuidar, me senti bem, leve. Como seu eu tivesse decidido ser a minha melhor versão como neta.

Algumas decisões precisam ser tomadas de forma rápida e consciente. É extremamente importante escolher ser a sua melhor versão, sempre. Independentemente da situação, que você sempre possa escolher ser ou fazer o melhor que puder. Escolha estar conectado com tudo aquilo que vale a pena, mesmo que, por vezes, os desafios apareçam e você não se sinta forte suficiente.

Não estamos aqui por acaso e, se não conseguimos nos conectar com aquilo que realmente importa, é porque precisamos olhar de outra forma para a nossa vida. É normal estar mais forte em alguns momentos e mais fraco em outros. Nos momentos de fraqueza, que você possa compreender a importância de criar laços e fazer escolhas, tornando-se gradativamente um ser humano melhor. Não permita que a correria e a avalanche de informações desta nova época o afastem das coisas importantes. Não se permita olhar para a tela do celular mais do que para os olhos de quem você ama. Não permita que o excesso de trabalho seja uma desculpa para a falta de tempo.

Quanto mais consciente você estiver das coisas que deseja, mais fácil será viver a vida de verdade.

Durante a vida, precisamos criar laços e conviver com pessoas que tenham o mesmo nível de consciência.

Meu desejo é que, ao ler este livro, você chegue a um elevado nível de consciência sobre a sua vida e sobre como pode movimentar o mundo à sua volta – posição que, talvez, a maioria das pessoas não chegue a experimentar.

> *Experimente ser um pouco melhor todos os dias. Entre no jogo da vida para vencer a si mesmo todos os dias.*

Convido você a entrar no jogo, sair na arquibancada da vida e entrar em campo, olhar para quem você realmente é. Conheço muitas pessoas que, ao serem convidadas a dizerem um ponto positivo e um negativo sobre si mesmas, têm grande dificuldade. A dificuldade sempre vai existir, por que estamos em constante transformação, mas é necessário parar e se perguntar diariamente: *o que preciso para ser 1% melhor agora?*

O mundo vai nos encher de rótulos, e inconscientemente vamos aceitando cada um deles. Morei em uma cidade bem pequena no Paraná, chamada Tomazina, e sempre fui conhecida como a "Luana do Paulão e da Bethe". Acho interessante a maneira como os rótulos vão evoluindo à medida que vamos crescendo e tendo mais consciência sobre as coisas. Assim que me casei, mudei para uma cidade próxima à minha cidade natal, e a sensação é que não mudou muita coisa ao meu redor. As pessoas passaram a se referir a mim de uma forma engraçada na minha nova cidade. Quando vou à padaria e esqueço o dinheiro, peço ao dono que marque o valor da compra, que pagarei depois. E o meu nome é anotado na notinha promissória como a "Luana do Renê". Às vezes, acabamos sendo algo porque o mundo nos coloca nessa posição. É como se perdêssemos a consciência de quem somos e passássemos a usar os novos rótulos para nos definir. Sempre que estou prestes a me conectar com algo que tem a ver comigo, penso: *será que sou assim mesmo?* Todas as vezes que faço um curso, ou vou me apresentar, digo: "Sou Luana, psicóloga". Temos tendência a falar quem somos através de títulos, formação acadêmica. Mas será mesmo que são os títulos que nos definem? Será mesmo que a formação pode dizer quem somos? Será que o que estamos construindo determina quem somos? Será que esse é o melhor que podemos ser?

Quer identificar quem você é, de verdade? Então siga uma dica: olhe para os seus sonhos, para os seus desejos, para o quanto você se esforça para alcançar o que deseja, o quanto é honesto, verdadeiro e íntegro.

Meu mentor me disse que a chave para vencer na vida é o quanto você está disposto a enfrentar para chegar lá. Problemas sempre surgirão. A vida vai nos colocar em prova várias vezes, e aquele que mais vezes conseguir ficar em pé de novo depois dos tombos é quem vence. Importa o quanto a gente aguenta apanhar e crescer. Quanto mais aguento a pressão, mais preparado e firme no meu propósito eu fico, mais entro no jogo e mais consciente sobre a vida eu me torno.

> *São as minhas escolhas que me tornam melhor. A forma como eu encaro as pancadas da vida e o que eu faço com os meus pedaços depois que a vida me derrubou.*

Todos os dias, quando você acorda, por quais objetivos se levanta? Que coisas estão fazendo você viver de verdade? Você precisa ter clareza nessa resposta. Não precisa decidir pelo maior ou pelo melhor, até porque muitas vezes nem sabemos o que é maior ou melhor na vida. Quando entro em campo, preciso decidir se vou jogar bola pela direita, pela esquerda ou pelo meio. Preciso tomar decisões. Todas as vezes que você precisou olhar para um problema gigante na vida, para tentar resolvê-lo, teve que agir, tomar uma decisão e enfrentar o problema com coragem.

Investigue o seu problema, aquilo que você precisa resolver, e então faça um diagnóstico, identifique a origem dele. Por exemplo, quando recebi a notícia de que estávamos com uma dívida de 1 milhão de reais para pagar, esperei passar todo o desconforto emocional causado pelo impacto de uma notícia carregada de problemas e comecei a refletir sobre os motivos de estarmos vivendo aquilo. Teria sido proposital? Teria sido descuido? Teria sido falta de cuidado? De comunicação? Qual emoção estava bloqueada? Era minha? Era do Renê? Possivelmente, a responsabilidade de termos contraído aquela dívida e os bloqueios emocionais que facilitaram isso eram de ambos.

Depois de identificado o problema, o ideal é planejar as possíveis soluções para então decidir e ser o mais assertivo possível. Renê e eu exploramos todas as possibilidades até encontrar a que mais fazia sentido para nós dois naquele momento. Mude o plano, se precisar. Não tenha medo de mudar de ideia ou de opinião e fazer diferente. Por último, mantenha o foco até o problema ser resolvido.

Resumindo: **1)** Identifique o problema; **2)** Planeje as possíveis soluções; **3)** Repense e mude os planos, caso necessário; **4)** Mantenha o foco até resolver o problema.

Precisamos decidir antes de qualquer coisa, olhar para as adversidades e arriscar. Se já tem a decisão, então falta enfrentar. O caminho é sempre olhar com amor, e não ter medo de errar. A decisão é o ponto de partida para que as coisas comecem a acontecer em sua vida. Se eu e meu marido não tivéssemos tomado a decisão de, a partir daquele momento da vida, passar os domingos trabalhando, passar algumas madrugadas, da meia-noite às 6 da manhã, sem dormir programando cursos, se não tivéssemos tomado a decisão, não teríamos conseguido pagar a dívida. Sabíamos que era por um tempo e estipulamos um prazo para que acontecesse. As dificuldades não duram para sempre, você deve definir um prazo para elas.

Lembro quando atendi um jovem prestes a entrar para a faculdade. Ele tinha uma missão: passar em Medicina no vestibular da Universidade Federal do Paraná. A família o apoiava, mas ao mesmo tempo o criticava pela ausência nos almoços de domingo. Iago sabia que seria por um curto período, mas o tempo árduo de sofrimento parecia durar cem anos como uma punição. O segredo é não acreditar que esse tempo de esforço seja uma punição, porque não é. O tempo que você determina para conquistar algo não pode trazer sofrimento além do qual você está determinado a se submeter para conquistar o que quer.

Renê e eu abrimos mão de alguns domingos em família e de algumas noites de sono por um curto período até conseguir abrandar a dívida. Iago abriu mão de almoços com os pais até passar no vestibular, e não demorou muito para conseguir, pois a determinação em conquistar era maior que a insegurança de fracassar.

Nos momentos difíceis, precisamos abrir mão, às vezes do ego, às vezes do conforto, às vezes do sono, do lazer. Independentemente do que você tenha que abrir mão, faça isso até se tornar melhor.

As suas decisões não vão durar para sempre. Coloque um prazo para que elas aconteçam.

Se não tivéssemos tomado a decisão de colocar a mão na massa para fazer as coisas acontecerem, possivelmente você não estaria lendo este livro. O enfrentamento precisa acontecer, porque surgirão obstáculos. Houve muitas noites em que Renê veio me chamar, pedindo que eu fosse me deitar, mas eu, apesar de muito cansada, insistia em terminar aquela demanda antes de pregar os olhos. Muitas vezes foi ele que puxou mais um pouco o trabalho madrugada adentro.

Se não tivéssemos tomado a decisão de fazer, nada teria acontecido. O primeiro passo sempre será decidir. É olhar para você, para a sua alma, para a sua essência, para o seu objetivo, e entender que, mesmo diante dos desafios, decidir por aquilo que faz sentido é sempre a melhor opção. Basta tomar a decisão. Mas isso não pode ser feito de qualquer forma, é preciso estar presente para tomar a melhor decisão. E voltar atrás, se necessário, sem se prejudicar.

Se você está presente e por inteiro no que precisa decidir, a chance de fazer a escolha errada é muito pequena. Não precisa se dedicar 100% o tempo inteiro, mas pelo menos nas tomadas de decisão é preciso estar inteiramente presente.

Quem nunca quis emagrecer? Fazer uma dieta? Todo mundo sabe o que fazer para ter êxito numa dieta. Primeiro, precisa fechar a boca e aprender a se alimentar. Além disso, praticar atividade física, controlar o consumo de calorias e uma série de outras coisas. Por que, mesmo conhecendo os passos, muitas vezes travamos e não nos levantamos do sofá para trocar de roupa e ir à academia? Porque não estamos presentes de fato naquilo que queremos.

Preciso estar presente e concentrar a atenção naquilo que pretendo fazer, senão não consigo. Quando estou presente, consigo dialogar com o obstáculo e superá-lo, consigo entender melhor o que está se passando. Preciso sair da arquibancada, entrar em campo e decidir para que lado vou jogar. Se vou fazer o passe para alguém marcar o gol, se vou chutar a gol, se preciso me defender para não sofrer o gol. O que normalmente acontece é que as pessoas estão com a bola e não sabem o que fazer com ela. Não sabem para onde vão e acabam deixando a bola sair de jogo. Perdem o protagonismo de elas mesmas fazerem o gol, com a bola que é delas, a vitória de suas vidas.

Todos os momentos de confusão ou conflito exigem uma escolha, uma decisão. E é nesse momento que devo decidir que a minha vida vai começar a melhorar. Aquele momento de decisão é o principal de todos. Quando evitamos colocar a mão na massa, as coisas começam a ir mal. É importante estar firme na decisão de entrar em campo para assumir o jogo da vida, optando por decidir e usando como aferidor o que faz nossos olhos brilharem.

Quantas vezes você decidiu não fazer o que deveria e, quando decidiu de verdade, as coisas começaram a acontecer na sua vida? Pode ser uma coisa pequena, como uma viagem, uma reforma, ou algo maior, como uma mudança profissional, ou até algo gigante, como se casar. Aquele momento em que você decidiu foi completamente incisivo na sua vida. Foi a partir daí que você deu os próximos passos.

Talvez as coisas ainda não estejam acontecendo porque você está com dificuldade de decidir o que quer, mas quando decidir de verdade, as coisas começarão a acontecer. Comece a ouvir a sua voz interna, a observar o diálogo da sua razão com a sua emoção, comece a olhar para os dois lados. O que a emoção fala? O que a razão está dizendo? Quando precisar tomar uma decisão, feche os olhos e se concentre em seu coração, no diálogo entre o coração e a razão. Olhe como se você fosse uma terceira pessoa.

Observe a conversa entre as duas partes e perceba o que está acontecendo dentro de você, naquele momento. Quando escuta a razão, como você pulsa? Como fica? Que sensações você tem? E quando escuta o coração, o que você sente?

Aquele que brilha mais mostrará a resposta que você deverá seguir. Mas, antes de seguir, lembre-se: "Decida ser o melhor que puder".

Capítulo 7

Aceite o que não pode mudar e enfrente o que só depende de você

Sim, você deve aceitar o que não pode mudar e enfrentar o que só depende de você, porque, às vezes, não estamos preparados, não estamos no jogo, esperamos o resultado vir lá da arquibancada, esperamos a torcida motivar, esperamos que todos façam por nós. Nossas desculpas costumam ser: "Não é hora agora"; "Vai chegar a hora, se Deus quiser vai chegar a hora". Enquanto estiver nesse campo de esperar as coisas acontecerem, elas não acontecerão.

Só temos o controle do que está dentro de nós, de nossas possibilidades. Não temos controle sobre a opinião alheia, por exemplo. Quando não tenho controle sobre as coisas, preciso aceitá-las como são. Vou dar um exemplo: um marido alcoólatra. A esposa não tem controle sobre o comportamento dele de ir ao bar comprar/consumir bebida, mesmo estando envolvida, casada com ele e sofrendo prejuízos no relacionamento. Ela pode até querer mudá-lo, mas precisa aceitar se ele não quiser ajuda para mudar. Afinal, ninguém consegue mudar ninguém. Não temos esse poder.

O que a esposa pode fazer numa situação como essa? Ao invés de abrir a porta para o marido quando ele chegar do bar, ela pode trancar a porta e dizer lá de dentro: "Você não vai entrar aqui. Enquanto estiver nessa situação, não vai entrar". Esse pode ser um caminho, uma alternativa, pois compete a ela a decisão de permitir o quanto o comportamento dele pode prejudicá-la, mas não está nas mãos dela mudá-lo. Ela não pode evitar, por exemplo, que ele decida sair no dia seguinte e beber novamente.

Um exemplo mais prático e palpável para todos nós foi a pandemia e seus desdobramentos. Piramos com tudo o que aconteceu. O que eu posso mudar num momento como esse? Se tenho condições de me prevenir por meio do isolamento, ótimo. Se não tenho essa possibilidade, posso começar a tomar os devidos cuidados fazendo o que preciso fazer lá fora. Não adianta reclamar, pois a reclamação não me livrará do problema, nem mudará nada nas coisas que já aconteceram. Quando você foca em mudar o outro, fica ansioso e inseguro.

Quando quero mudar o que não está ao meu alcance, gasto energia à toa. Quando você estiver à mercê de alguma situação, pergunte a si mesmo: *isso depende de mim?* Se a resposta for "sim", faça o que depende de você. Se a resposta for "não", aceite e mude a própria postura e seu comportamento para ter menos prejuízo possível.

No mais, se estiver cansado, pare para descansar. Se não vê saída, pare para respirar e buscar clareza. Se não está conseguindo, evite desistir antes de dar uma pausa e refletir.

Você estava em determinado ponto e caminhou um pouquinho. Logo, pode fazer uma pausa e voltar a viver depois dessa pausa.

A mente cria algumas estratégias para a defesa do corpo. É como se ela fosse nossa capa de proteção humana. Tudo vem da mente: fome, sono, necessidades. O comando para qualquer ação começa na mente.

Tenho estudado sobre "aceitação" durante quase uma década. E descobri que muitos de nós temos dificuldade em aceitar, porque acreditamos que aceitar é concordar ou se conformar.

Se eu aceito algo com que não concordo, desenvolvo um desconforto interno. As pessoas podem ter opiniões que não fazem sentido para você; elas podem, inclusive, ter uma opinião não muito favorável ou sem sentido sobre você, mas somente você decide se isso é seu ou não. É como se você estivesse recebendo de presente algo de que não gosta ou que não serve em você. Você não vai usar, porque não cabe ou fica grande.

Podemos usar essa lógica para tudo na vida. Se alguém nos dá uma opinião que não nos serve, não precisamos nos incomodar com ela. Que possamos aceitá-la, mas não trazê-la para a nossa vida. Não a levar para o pessoal, e sim abstraí-la. Em alguns casos, até podemos agradecer. Aceitar não é validar, muito menos passar a ver perfeição ou tornar invencível aquilo com que não concordamos. Não tenha medo de aceitar aquilo que não depende de você. Existe um ditado popular que diz: "Se não pode com ele, junte-se a ele", eu diria: "Se não pode com ele, aceite-o".

Aceitar não é concordar ou se conformar, é compreender que não compete a nós tentar mudar algo.

Há sempre o receio de aceitar e por isso abastecer-se do que não é nosso. Porque, quando nos enchemos do outro, até podemos, momentaneamente, preencher alguns vazios internos, mas não será possível tirar de dentro de nós a sensação de havermos perdido o que era nosso. Aliás, o que é nosso na vida?

Certa manhã, fui acordada pela minha filha, que estava muito triste. Ela tinha recebido uma mensagem avisando que a sogra havia falecido. Naquele momento, pensei no meu pequeno genro. Um menino lindo e educado de apenas 14 anos que perdera a mãe. Como aceitar que isso possa acontecer?

Como compreender a vida, se a qualquer momento ela pode acabar?

Como aceitar perdas? Como podemos aceitar a morte? Como podemos aceitar que, por vezes, podemos perder o controle sobre as coisas? Por que é difícil aceitar que só estamos aqui de passagem? Seria muito mais fácil entender que tudo é passageiro, inclusive, nós dois, você e eu. Estamos de passagem por aqui, e a única coisa que não podemos aceitar é viver em vão. Se você for capaz de aprender a viver, conseguirá aceitar tudo aquilo que não pode mudar.

Viver a vida não é sobreviver aos desafios. É ser intenso, é ser humano. Viver a vida é aprender a ganhar e a perder. Entender que, toda vez que você ganha, também perde, e toda vez que você perde, também ganha.

Por fim, se algo chegou até você e causou incômodo, se dói ouvir algo que não gostaria de ouvir, se dói receber uma notícia difícil de lidar, é porque existe algo para ser aprendido. Por isso, prepare-se para um enfrentamento. Pois essa pode ser uma ferida que precisa ser resolvida.

Quando meu avô faleceu, eu estava quase concluindo os estudos na faculdade, faltavam dois meses para eu apresentar o trabalho de conclusão de curso, cujo tema era perda. Naquele ano, eu enfrentava muitos desafios, recém morando junto com uma pessoa que talvez eu nem amasse, vivendo uma vida que eu não tinha escolhido conscientemente. Recebemos um diagnóstico da minha filha Júlia, e por eu ser jovem, ninguém acreditava que eu pudesse dar conta, da filha, do casamento, da faculdade, da casa. Muitas vezes eu também pensei que não daria conta. Tentei desistir algumas vezes porque era difícil enfrentar. No mesmo ano, meus pais se separaram, e quinze dias depois meu pai já estava em outro relacionamento. Por causa desse acontecimento eu senti que não tinha a família que desejava. Senti que havia perdido, fracassado. Não aceitava, e não estava disposta a enfrentar. Dois meses depois, meu avô faleceu. Quanta pancada em apenas um ano. Eu ainda tinha que terminar a faculdade, apresentar o TCC e concluir aquela jornada. Mas como conseguiria ânimo para isso? Deixo aqui uma reflexão: qual é o seu motivo quando nada anda bem?

Qual é o seu motivo para continuar vivendo?

Enfrentar significa seguir em frente, mas como podemos ir em frente se ainda estamos olhando para trás? A dor nos faz olhar para trás e nos tira a consciência, e com isso nossos motivos se perdem. O único motivo que eu tinha é o mesmo que me faz enfrentar a vida todos os dias até hoje: desejo ser feliz. Quem me ama, também deseja me ver feliz. A vida não tem sentido se você não buscar ser feliz. No seu momento de dor, só se permita sentir. Mas não se esqueça de que o principal propósito da vida é ser feliz. Em algum momento você precisará buscar a felicidade novamente. Essa é a regra para viver bem.

Quando você nasceu, os responsáveis pela sua vida, sejam seus pais biológicos ou não, só tinham uma missão: ensinar você a ser feliz. Eles buscavam isso quando supriam as suas necessidades. No fundo, o maior desejo deles era que você fosse alguém feliz, sempre que possível.

Quando você entende que ir atrás da felicidade é o real motivo de se estar vivo, passa a enfrentar obstáculos e problemas e aprende a não desistir.

👍 ATIVIDADE: ACEITAÇÃO E ENFRENTAMENTO

Faça uma lista de tudo o que você tem dificuldade de aceitar.

_____
_____
_____
_____
_____

Agora, reflita: dessas coisas que listou, o que depende de você?

_____
_____
_____
_____
_____

Das coisas que dependem de você, o que precisa fazer que ainda não fez?

_____
_____
_____
_____
_____

VOCÊ VIVE OU SOBREVIVE?

Dessas coisas que você não fez, qual a principal ação que mudaria o jogo a seu favor?

_____
_____
_____
_____
_____

Capítulo 8

Os 10 hábitos das pessoas felizes

Você é feliz? Gostaria que você refletisse a respeito. Se a sua resposta for sim, o que o faz feliz? Se a resposta for não, o que é felicidade para você?

Como psicóloga clínica, realizei uma pequena pesquisa sobre hábitos que afastavam as pessoas da felicidade que elas tanto buscavam. Cheguei à conclusão de que existem 10 hábitos importantíssimos para treinar a felicidade. Assim como meu mentor Joel Jota diz: "O sucesso é treinável", eu acredito que a felicidade também seja.

1º hábito: Falar menos e ouvir mais. Pessoas felizes falam pouco e escutam mais. Pessoas felizes não têm a necessidade de provar nada para ninguém. Pessoas que falam muito têm o desejo inconsciente de serem ouvidas, e enquanto falam, estão sempre tentando "ajudar", sem ninguém ao menos ter pedido ajuda; ou reclamando de coisas que saíram do seu controle; ou criticando aquilo que é contrário ao que elas acreditam. Pessoas que escutam mais conseguem decidir com mais precisão.

2º hábito: Servir. Pessoas felizes amam ajudar. Todas as vezes que você ajuda, também recebe. Quem ajuda de coração não está preocupado se receberá ou não algo em troca, não fica na espera de um agradecimento. Não questiona, e não acha que servir seja um problema.

3º hábito: Fazer o que deve ser feito. Quem é feliz não faz somente o que gosta de fazer. Alguém feliz faz o que precisa ser feito em qualquer situação. Acorda cedo sem reclamar. Tem a mesma energia para o trabalho tanto na segunda-feira quanto na sexta-feira. Se tiver um compromisso, se compromete com ele. Não inventa desculpas ou justifica seus fracassos. Pede perdão quando erra e busca alternativas para se tornar melhor.

4º hábito: Trabalhar duro. Pessoas felizes não trabalham muito, como parece. Trabalham duro durante o tempo em que estão trabalhando. Eliminam as distrações, treinam o foco. Deixam a preguiça e a procrastinação de lado até conquistarem o que desejam, porque sabem que o trabalho duro é uma parcela do seu sucesso.

5º hábito: Fazer com amor. Não estou dizendo que pessoas felizes só fazem o que amam, mas ao fazerem qualquer coisa, colocam amor. Qualquer ação precisa ser executada com amor. Pessoas felizes trabalham com amor.

6º hábito: Sorrir sempre. O sorriso é a porta de entrada para uma vida feliz. Você não precisa se esconder atrás dele. Mas deve escolher tê-lo com você. Afinal, o mundo aqui fora não sabe o que se passa aí dentro. Através do seu sorriso, você pode transmitir um pedido de ajuda quando não está bem.

7º hábito: Cuidar de si, antes de cuidar do outro. Não estou dizendo que você precisa cuidar só de você. Muito menos que deve achar que cuidar primeiro de si é sinal de egoísmo. Ao contrário, você demonstra muito amor quando cuida de você para poder cuidar do outro.

8º hábito: Estar disposto a aprender todos os dias. Quando você se coloca à disposição do aprendizado, aciona na mente mecanismos positivos e agradáveis. Quando está disposto a aprender, deixa de lado mecanismos como julgamento, comparação, resistência e as barreiras que impedem você de ir para o próximo nível.

9º hábito: Perdoar. O perdão é fundamental na vida de quem deseja ser feliz. Ele nos liberta do passado e nos torna pessoas muito melhores. Quem tem dificuldade de perdoar está tomando veneno esperando que o outro morra.

10º hábito: Buscar crescimento exponencial, porque não há limites na mente de quem é feliz.

Uma pessoa feliz está o tempo todo se equilibrando entre esses 10 hábitos. Se você ainda não pratica alguns desses hábitos, comece agora!

> *Muitos desses hábitos podem mudar a sua estrutura mental e aumentar seu nível de consciência.*

ATIVIDADE: ELABORE UMA LISTA COM 10 COISAS QUE FAZEM VOCÊ FELIZ

_____
_____
_____
_____

LUANA GANZERT

PARTE 4
Coloque-se em ação

Capítulo 9

Os níveis de consciência

Você sabia que a consciência é a chave para o desenvolvimento pessoal? Quanto mais conscientes estiverem as coisas em sua mente, melhores serão seus resultados. Quanto mais consciente você for, melhor será a sua passagem pelos problemas da vida, melhor você enfrentará os desafios.

Seu cérebro é responsável pela sua consciência. Mas, para manter você sobrevivendo, ele assume também muitas responsabilidades e as programa no "modo automático", fazendo várias coisas sem consultar você. Mantém seu coração batendo, comanda os movimentos peristálticos do sistema digestório e cuida até da respiração, embora seus pulmões façam esse exercício sozinhos. Como parte fundamental do encéfalo e do sistema nervoso central, o cérebro ajusta as principais funções do corpo e é responsável por garantir seu funcionamento.[9]

Quanto mais consciente você está, mais o seu funcionamento acontece de modo natural. Quanto mais automático o seu funcionamento estiver, mais você estará lutando para sobreviver.

Isso acontece para tudo na vida. Viver no "piloto automático" é continuar repetindo padrões e estabelecendo uma rotina de comportamento, dia após dia. É um estado mental em que as ações são desempenhadas sem intencionalidade.

O "piloto automático" não é de todo mal, visto que levaríamos muito tempo para decidir coisas simples, caso essa funcionalidade não fosse desenvolvida pelo cérebro. No fundo, é uma capacidade que nos acompanha em decisões voltadas para uma infinidade de tarefas.

---

9. Para saber mais sobre o funcionamento do cérebro, acesse: o cérebro humano. CogniFit. Disponível em: https://www.cognifit.com/br/cerebro.

Imagine que você não conhece o trajeto de sua casa até o trabalho. Você está passando pela primeira vez pelas ruas que o levarão até seu destino. Na primeira vez, você precisa de ajuda do Waze, de um mapa, ou da indicação de pessoas que já caminharam por onde você precisa ir. Com o tempo, o caminho se torna mais fácil, e você passa a fazê-lo no modo automático. Já nem percebe mais os buracos da rua, as cores das casas, a não ser que algo no trajeto mude. Tudo o que fazemos pela primeira vez é mais difícil. À medida que vamos aprendendo, conquistamos duas possibilidades: ganhamos consciência sobre aquilo e/ou colocamos no modo automático.

Com a prática, o cérebro limita as possibilidades para acelerar o processo e a decisão ser mais rápida.

No entanto, quanto mais consciência você tiver, melhor seu cérebro vai responder. Tanto para registrar uma informação quanto para aprender algo novo ou buscar experiências já vividas.

NÍVEL BAIXO
CONSCIÊNCIA FASE 1

Quando estamos no Nível de Consciência Fase 1, queremos apenas mudar o mundo externo. São pessoas mais focadas em olhar o mundo ao redor e 100% desconectadas de si mesmas. Esse nível de consciência é natural de quem vive esgotado de tudo. Não consegue mais viver a vida de forma leve e tem muitas dificuldades de se equilibrar em todas as áreas da vida. É comum nas pessoas que reclamam de tudo e se vitimizam.

CONSCIÊNCIA FASE 2

Nível de consciência em que há muita confusão mental, mas já existe um fundo de clareza e desconforto. Nesse nível estão, geralmente, pessoas que se sentem muito perdidas. Têm o pensamento muito acelerado e sem congruência alguma. Não têm ritmo, não conseguem terminar o que começam.

NÍVEL MÉDIO
CONSCIÊNCIA FASE 3

São pessoas que buscam as mudanças necessárias. Elas se desafiam a entrar no jogo, buscam a mudança de que tanto precisam. A maioria das pessoas que você conhece está nesse nível. São mais acomodadas e estão satisfeitas com o pouco que conquistaram.

Nesse nível, as pessoas já conseguem identificar melhor as próprias emoções. Conseguem discernir se as emoções que estão sentindo são positivas ou negativas. E já conseguem identificar os gatilhos para essas emoções. São pessoas muito mais otimistas, que pensam muito mais à frente, e estão o tempo todo em contato com o desenvolvimento do próprio ser. Trabalham, entendendo que não podem mudar o mundo se não mudarem a si mesmas.

NÍVEL ALTO
CONSCIÊNCIA FASE 4

Esse é o nível de consciência que todos nós deveríamos buscar. É o nível de sabedoria, discernimento e assertividade do ser. Pessoas que estão conectadas com seu desenvolvimento espiritual. Pessoas que decidiram se tornar melhores todos os dias. Pessoas que vivem, em vez de apenas sobreviver.

É muito importante entender que não existe segredo para desenvolver a consciência e melhorar como ser humano.

Mudamos o tempo todo. Inclusive, desde que nascemos, nossa evolução é constante e nossa consciência também evolui. Mas cada pessoa tem uma forma de enxergar a vida. Enquanto umas veem tudo como sofrimento e punição, outras a consideram uma oportunidade e um aprendizado.

Por que isso acontece? As pessoas que têm um olhar mais negativo para a vida exploram muito pouco seu mundo interior. Ao contrário, as que conseguem enxergar a vida como um processo de aprendizado têm conexões mais profundas. No geral, equilibram melhor as áreas da vida, meditam, estão espiritualmente conectadas, vivem felizes ou buscando a felicidade, aumentando assim a consciência.

Existe uma técnica de desenvolvimento pessoal muito usada na Terapia Cognitivo Comportamental denominada mindfulness ("consciência plena"), que também pode facilitar a sua passagem entre os níveis de consciência.

A forma mais simples de aplicar atenção plena é baseada em um ponto de concentração, que chamamos de âncora. Para praticar, pare por alguns minutos e concentre-se no ar que entra e no ar que sai pelo seu nariz. Respire fundo. Segure. E solte.

Com a atenção totalmente voltada para a sua respiração, repita o processo por um curto período de tempo. Ao perceber distração, volte a atenção para a respiração.

Outra forma de praticar mindfulness e aumentar o nível de consciência é: feche os olhos e traga a sua atenção para o corpo. Começando pelos pés, que estão plantados no chão, vá subindo. À medida que for respirando, seu olhar interno vai escaneando seu corpo todo até chegar ao topo da cabeça.

Existem milhares de formas de viver mindfulness. Na alimentação, no banho, caminhando. O ideal é trazer a atenção para o momento presente. E quanto mais presente você estiver, mais a sua consciência aumenta.

Pensando nesses níveis de consciência, reflita a respeito e responda: em qual desses níveis você está hoje?

_____
_____
_____
_____

VOCÊ VIVE OU SOBREVIVE?

_____
_____
_____
_____
_____
_____
_____
_____

A maior aventura que você pode realizar é viver a vida o mais conscientemente possível. Somente essa decisão proporcionará a você viver a vida que merece. Acredito plenamente nisso. No entanto, poucas pessoas chegam perto de viver a vida que acreditam merecer. A maioria se conforma em viver na mediocridade. Aceitam, de forma passiva, o que sabem. E não buscam explorar mais os níveis de consciência.

A sua mente é muito poderosa. Ela só quer proteger você. Mas, às vezes, essa proteção pode atrapalhar em vez de ajudar. Os bloqueios mentais estão totalmente relacionados às crenças, como foram registradas em alguma fase da sua vida. Se você registrou que não consegue, qual é a chance de conseguir? Quase zero. Por acreditar que não consegue, não conseguirá.

O cérebro tem capacidade para registrar todas as experiências. Cabe a você saber registrar o que é valioso e descartar o que não é.

Não existe nada que diga que você precisa se contentar com menos do que, de fato, deseja. Isso serve para qualquer área da sua vida. Não há relacionamento que precise durar sem respeito ou sem aquilo que você valoriza em uma vida a dois. Não há profissão que deixará você satisfeito, feliz e pleno, desenvolvendo o que você ama, se a escolha em fazê-lo não vier de você. Não existe limite para a sua conta bancária se você acreditar que também é possível ter dinheiro e ser humilde.

Você poderá viver a vida que merece se tiver consciência da vida que quer.

Capítulo 10

Desperte a sua vida

Atingi o fundo do poço várias vezes. As minhas angústias provavelmente são as mesmas de tantas pessoas. Buscava freneticamente ser feliz, mas, todas as vezes que eu estava em um nível de consciência baixo, me esquecia de pontos importantes na trajetória. E, para nunca mais me esquecer, fiz uma lista dos principais momentos que vivi ou sobrevivi na vida.

MINHA TRAJETÓRIA

- **1989 (novembro):** vivi o milagre da vida. Tive a oportunidade de vir ao mundo.

- **1995 (de fevereiro a dezembro):** sobrevivi ao abuso.

- **2001 (dezembro):** vivi a minha primeira experiência como adolescente. Meu primeiro beijo.

- **2004 (fevereiro a dezembro):** sobrevivi estudando longe da família; saí do interior e fui morar em um pensionato aos 14 anos.

- **2005 (dezembro):** vivi meu primeiro namoro com o amor da minha vida.

- **2007 (fevereiro):** vivi a entrada para a faculdade.

- **2009 (julho):** sobrevivi à descoberta da primeira gestação, sem ser casada, no terceiro ano da faculdade.

- **2010 (fevereiro):** vivi o amor mais puro da vida: minha primogênita nasceu.

- **2010 (maio):** sobrevivi a um casamento sem estruturas. Não tínhamos nada: móveis ou profissão estável. Não tínhamos respeito um pelo outro. Tínhamos somente uma filha, que deveríamos criar.

- **2011 (janeiro):** sobrevivemos ao diagnóstico alérgico da nossa filha. Sem dinheiro para pagar o tratamento que, na época, custava mais do que ganhávamos.

- **2011 (fevereiro):** vivi minha formatura em Psicologia, a porta de entrada para servir mais e melhor a outros seres humanos.

- **2011 (outubro):** sobrevivi à perda do meu avô. Aquele que muitas vezes fez o papel do meu pai em suas ausências.

- **2014 (maio a julho):** superei um casamento fracassado. Sem respeito, sem comunicação e sem amor.

- **2014 (outubro):** vivi nossa primeira experiência internacional.

- **2015 (março):** vivi a vida para servir, iniciei a clínica e várias novas especializações.

- **2016 (agosto):** vivi uma nova descoberta: engravidei pela segunda vez.

2016 (outubro): vivi o nosso casamento.

2017 (abril): vivi o nascimento do Vítor, felizes em sermos pais novamente.

2017 (julho a setembro): sobrevivi, mais uma vez, a um casamento sem valores e sem direção.

2017 (setembro): vivi o primeiro treinamento de desenvolvimento pessoal.

2018 (fevereiro): vivi a mágica de ajudar e contribuir com a Psicologia, através da criação de instrumentos terapêuticos, facilitadores no processo de terapia.

2019 (março): sobrevivi a uma dívida de quase um milhão de reais.

2019 (outubro): vivi a decisão mais assertiva da minha vida: voltar a me desenvolver; investir em mim.

2020 (janeiro): vivi a criação da marca EmocioNOW.

2020 (setembro): sobrevivi ao AVC, com 30 anos.

2021 (janeiro a dezembro): sobrevivi a diversos exames para investigar o que estava acontecendo com meu corpo, a origem de minhas dores físicas e emocionais. Até descobrir que a minha alimentação era o vilão número 1 causador do AVC.

2021 (março): sobrevivi ao medo e à insegurança com todos os sintomas da covid-19.

- **2021 (abril):** sobrevivi à morte prematura da minha avó em decorrência da covid-19.

- **2021 (junho):** vivi a experiência de estar perto do Joel, meu mestre e mentor, que me ajudou a clarear muitas incertezas.

- **2022 (junho):** vivi a decisão de escrever um livro em coautoria.

- **2022 (agosto):** vivi a decisão de escrever um livro solo.

Do início (nascimento) até o meu derradeiro dia (morte), estarei aqui, pronta para me transformar e ajudar a sua transformação.

Talvez alguns pontos da minha vida se conectem com a sua história, talvez você tenha vivido momentos diferentes dos meus e também sobrevivido a eles, isso na verdade não importa. O fato, no fundo, não é importante como pensamos. O que importa é o que você fez com tudo que já aconteceu na sua vida. Quantas vezes você viveu de verdade?

> *Para ser feliz,*
> *é preciso viver a vida,*
> *e não sobreviver*
> *a vida, apenas.*

Preciso entrar em campo e começar a compreender o que há de mais profundo. Conhecer o que registrei, lá atrás, na infância, e o que esses registros geraram, hoje.

Todas as vezes que estou em dor, em sofrimento, entro em contato com alguma perda. O cérebro, muitas vezes, associa que a dor é o caminho para a morte. Por isso, temos dificuldade de lidar com as perdas, de compreender, em nossa caminhada, que o fim será a grande e maior perda. No entanto, quando a gente morre de verdade, quem perde mais?

A sua trajetória é baseada em ganhos e perdas. Assumir que você vai perder requer muita coragem. Coragem para estar à frente de uma sociedade que te pede para parecer bem o tempo todo. Coragem para assumir nossos erros, em uma sociedade que gosta de julgar. Coragem para decidir, porque, toda vez que você decide por alguma coisa, perde outra. Coragem para assumir nossa ignorância e ter humildade para viver em uma sociedade que tudo sabe e já fez tudo.

Para que a sua trajetória seja mais leve, dou uma dica: ao invés de mirar a grama do vizinho, tenha a coragem de construir sua vida com base no que seu coração grita.

Quando você começa a compreender a dinâmica, começa também a viver de forma mais leve, muito mais tranquila, muito mais feliz. Porque entende que o seu campo de vida não está no quintal do outro, no que as pessoas determinam, opinam ou naquilo que você escuta. Sua vida acontece aí dentro, no seu mundo interno, e você já tem todas as respostas. Sobreviver é pouco para quem foi chamado para viver uma vida abundante.

ATIVIDADE: TRAJETÓRIA

Construa a sua linha do tempo. Assim, ficará muito mais fácil relembrar cada ponto importante da sua vida. No canto inferior direito, escreva os momentos difíceis que já enfrentou. No espaço superior esquerdo, escreva os momentos felizes que você viveu.

LUANA GANZERT

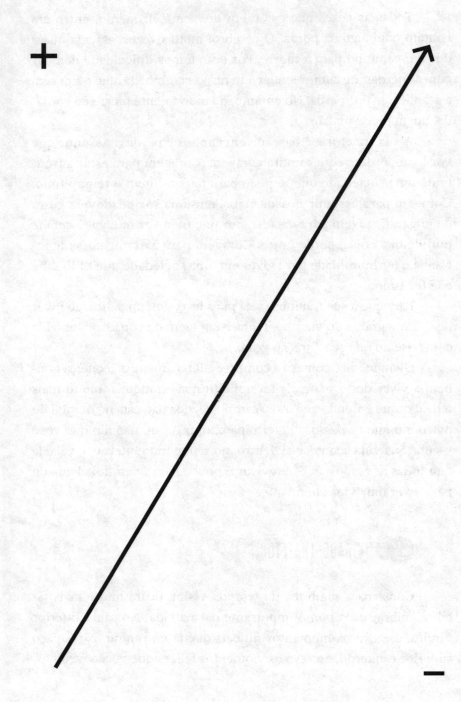

PARTE 5

Perdão: O ativo para viver leve

Capítulo 11

(Re)comece quantas vezes forem necessárias

Eu estava prestes a desistir de tudo quando surgiu à minha frente a imagem do meu mentor Joel, me pedindo que prometesse que, pelos meus filhos, eu não desistiria. Comprometida a não desistir, decidi praticar alguns comportamentos todos os dias, para que se tornassem hábitos. E, consequentemente, meus níveis de consciência também mudassem. Meu compromisso é com o meu desenvolvimento pessoal. Joel entrou na minha vida em um momento em que me sentia perdida. Já havia passado por diversos cursos de desenvolvimento pessoal, mas percebia que estava patinando nos negócios. Preenchi um *forms* aleatoriamente pela internet, para modelar e aplicar nos meus clientes, e então recebi a ligação de um consultor dizendo que eu havia sido selecionada para estar em um programa chamado "Mentoria para mentores". Durante a ligação eu disse: "Isso é tudo de que eu precisava!". Pronto, mais um investimento feito. Depois disso, resolvi seguir na esteira de cursos, e até hoje busco a sua orientação, bem como a de Roberto. Escolhi dois grandes seres humanos para me orientar, na vida pessoal e nos negócios.

Todos os meus mentores me disseram, explicitamente: "Se você quer ter sucesso e viver a vida com propósito, fazer dinheiro e ter uma vida sustentável, precisa se desenvolver!". Seu sucesso raramente excederá o seu desenvolvimento pessoal. Pois o seu sucesso é atraído pela pessoa que você se torna. Infelizmente, a maior desculpa para não se desenvolver é a falta de tempo: "Eu não cuido de mim porque não tenho tempo...". Seu tempo é destinado para qualquer coisa, menos para se desenvolver.

O que você tem feito com as suas vinte e quatro horas? Não se preocupe! Se estiver perdido, com um desejo ardente de mudar a condição da sua vida, melhorar seus relacionamentos, se tornar mãe, ter uma família, mudar de profissão, fazer mais dinheiro, ter mais saúde ou qualquer que seja o seu desejo de mudança, mas falta tempo para começar alguma coisa por você, que trará resultados e favorecerá seus desejos, deve escolher ir em busca do que faz você feliz.

> *Eu estava tão ocupada apenas tentando sobreviver a vida e pagar as contas que a ideia de encontrar tempo para me desenvolver era quase impossível.*

Todo mundo quer ser feliz. Por enquanto, também sabemos o que nos faz felizes. Mas, então, por que não fazemos? Não fazemos porque estamos ocupados demais fazendo coisas que não nos deixam felizes. Faça, sobretudo, a sua parte!

Não se apavore. Eu também escuto, com muita frequência, pessoas insistindo para que eu faça a minha parte. Você também já deve ter estado, em outros momentos, com pessoas que te disseram: "Faça a sua parte!". Mas de nada adianta fazer a nossa parte se não estamos fazendo aquilo que desejamos realizar. Antes de fazer a sua parte, pergunte-se: *qual é a minha parte no que eu desejo realizar?*.

Temos medo de descobrir qual é a nossa parte, pois, como somos limitados, corremos o risco de não saber fazer. Ficamos presos ao nosso estado emocional e corremos o risco de deixar a vida passar em branco, sem grandes registros. Temos medo de fracassar e, com isso, não saímos do lugar. Perdemos tempo e vida.

Os cemitérios estão lotados de sonhos não realizados. De pessoas que partiram com medo de arriscar, de (re)começar.

Temos infinitos medos porque acreditamos que a nossa opinião pode não ser a melhor. Não importa quão grandiosas possam ser as nossas conquistas. Se nos esquivarmos do que é socialmente "esperado", vamos enfrentar a desaprovação de alguém, de um jeito ou de outro. E perder tempo preocupados se, de fato, estamos no caminho certo.

Crescemos acreditando que o que sabemos são informações valiosas para nós. Mas, no fundo, o que você sabe não passa de verdades construídas por pessoas ao seu redor desde a infância. Sair dessa bolha significa explorar o Universo. Dá medo e gera insegurança, e muitas vezes vamos errar nas escolhas que fizermos.

PARA REFLETIR

> *"Dizem que antes de um rio entrar no mar ele treme de medo. Olha para trás, para toda a jornada que percorreu, para os cumes, as montanhas, para o longo caminho sinuoso que trilhou através de florestas e povoados, e vê à sua frente um oceano tão vasto, que entrar nele nada mais é do que desaparecer para sempre. Mas não há outra maneira. O rio não pode voltar. Ninguém pode voltar. Voltar é impossível na existência. O rio precisa se arriscar e entrar no oceano. Somente ao entrar no oceano, o medo irá desaparecer, porque apenas, então, o rio saberá que não se trata de desaparecer no oceano, mas de se tornar oceano." (Osho, citando Khalil Gilbran)*

É fato que a correria do dia a dia se instala em nossa vida e nos tornamos reféns de uma vida automática. Aliás, as minhas escolhas se tornam, muitas vezes, automáticas. Você já parou para pensar sobre isso? Como tem feito escolhas automaticamente?

É comum um casal que "namora há bastante tempo" sofrer pressão social. Ou, ainda, alguém já com uma certa idade escutar "Nossa! Você não vai se casar e ter filhos?!". Se soubéssemos o peso que nossas ações impulsivas têm, talvez pensássemos mais de mil vezes para agir "conforme a sociedade determina". Viver demanda tempo, disposição e muito amor. Se estamos dispostos a aceitar essa condição, então que não mais sobrevivamos: que possamos começar a viver! Já que estou vivo, o que devo fazer com a falta de tempo, o excesso de trabalho, o estresse diário e a dificuldade de entender minhas próprias emoções?

O jeito mais fácil e social de ser têm sido a utilização de ferramentas como tablets, celulares e computadores. A vida com essas ferramentas tem "facilitado" a nossa comunicação, e a troca afetiva. É muito mais fácil estar envolvido com o celular do que enfrentar a fadiga de aceitar que você não tem uma vida magnífica. Li um artigo sobre a influência da tecnologia no comportamento humano,[10] e o questionamento principal que eu gostaria de trazer aqui para refletir com você é: Será que estamos fazendo bom uso da tecnologia para influenciar e promover novas culturas e interações de forma positiva, ou estamos ficando cada vez mais distantes da comunicação "cara a cara", do toque e do olhar, dos momentos "mais humanos"?

Quando chegamos do trabalho, nos fins de semana e em outros momentos, acabamos, muitas vezes, conectados muito tempo ao celular ou com nossas tarefas, sem nos darmos conta disso. E assim nos perdemos em meio a essa tecnologia e não aproveitamos os momentos com a família e amigos de modo mais intenso e verdadeiro. Nem todos agem assim, mas esse é um comportamento social que, muitas vezes, repetimos sem perceber. E temos também muitas tarefas que precisamos executar, que tomam muito tempo, e acabamos não conseguindo nos organizar. Pensando sobre isso, será mesmo que o

---

10. A influência da tecnologia no comportamento humano. **Brasil Escola**, *[s. l.; s. d.]* Disponível em: https://meuartigo.brasilescola.uol.com.br/historia/a-influencia-da-tecnologia-no-comportamento-humano.htm. Acesso em: 15 jan. 2023.

nosso problema é a falta de tempo? Ou não organizar esse tempo de uma forma mais satisfatória e saudável?

A maneira de encarar esses desafios é encontrar uma forma de organizar melhor o tempo, e dividi-lo dentro de todos os aspectos necessários à vida.

Todo ser humano é multitarefa e tem necessidades adaptativas para gerir cada uma delas, ainda que nossos maiores problemas sejam em decorrência de não nos dividirmos nas funções que escolhemos na vida. Ou seja, casamos e esquecemos que somos filhos, e deixamos de visitar os pais. Ou então temos filhos e esquecemos que somos seres sociais, e deixamos de sair por causa deles. E, é claro, sempre inventamos uma desculpa para não nos sentirmos tão culpados. Ainda nos enganamos a todo momento, como se as coisas fossem melhorar, milagrosamente.

> *Tudo tem um tempo e não é o nosso tempo. Mas o tempo que escolhemos para nos dedicar é o que realmente importa.*

Se você descobrir um diagnóstico médico, ou tiver uma briga com seu cônjuge, a tendência é querer resolver tudo logo. Há coisas, provavelmente, mais importantes, que requerem inteligência e sabedoria para serem resolvidas. Porque só o tempo trará o resultado esperado, o resultado transformador que tanto desejamos. Agir para que as coisas aconteçam não quer dizer que precisamos correr com tudo. Agir é tomar uma decisão, é ingressar no processo que você escolheu. O que não quer dizer que o processo será rápido. Cada coisa tem seu tempo: tempo para começar, tempo para (re)começar, tempo para perdoar, agradecer, tempo para amar de verdade. Esse processo não será fácil. Nunca foi. Não pense que ele será fácil apenas porque você elevou seu nível de consciência.

*Não importa o quanto
a sua vida esteja ruim,
sempre haverá uma
maneira de mudar as coisas.*

O tempo da sua dor também passará. E, quando passar, compreenda: é hora de (re)começar.

Você não é obrigado a nada. Certa vez, eu caminhava em direção ao ponto de ônibus reclamando da vida e descontente por ter que viajar 120 quilômetros para chegar à faculdade – e mais 120 quilômetros na volta, todos os dias. Estava cansada da estrada e do ônibus, e me questionava por que eu fazia aquilo. Até que, na conversa com um "amigo de ônibus", ele me perguntou: "De quem é a responsabilidade por você estar aqui?". No mesmo momento, me veio à consciência que a escolha por fazer faculdade havia sido minha. Eu havia escolhido a faculdade de Psicologia, e a única mais próxima era aquela: a 120 quilômetros da minha casa. Também me lembrei do tempo das coisas. Já estava quase no fim da minha jornada acadêmica, e logo tudo aquilo acabaria. E, quando acabasse, eu estaria pronta para começar outra jornada, novamente.

Essa é a vida! Começos e recomeços. Se está difícil, lembre-se: tudo tem um tempo.

ATIVIDADE: ORGANIZE SEU TEMPO E FAÇA COISAS REALMENTE IMPORTANTES PARA VOCÊ

Estabeleça a sua prioridade do dia.

Gerenciar o tempo nem sempre é uma tarefa fácil. Embora pareça corriqueira, exige muito foco para você não se perder.

Faça uma lista de suas necessidades diárias e as subdivida nas suas vinte e quatro horas. Por exemplo: sono, alimentação, oração, necessidades básicas (ir ao banheiro, escovar os dentes, tomar banho, trocar de roupa, pentear os cabelos), meditação, atividade física, trabalho etc.). Em seguida, complete a lista com necessidades cotidianas não corriqueiras. O tempo restante ficará com emergências que surgirem.

Em um quadro dividido em quatro partes, você escreverá em cada quadrante as suas respectivas necessidades. Não se culpe, nem se julgue caso houver falhas. E, se acontecer, aprenda a se perdoar.

Tarefas urgentes que dependem de mim	Tarefas urgentes que não dependem de mim
Tarefas não urgentes que posso deixar para depois	Tarefas que, quando sobrar tempo, eu farei

Capítulo 12

Aprenda a perdoar os erros (seus e dos outros)

Talvez perdoar seja difícil para quem não tem contato com desenvolvimento pessoal e autoconhecimento, mas o processo de autoconhecimento, a fundo, vai muito além de apenas despertar a consciência. Pode também ensinar você a perdoar.

O primeiro passo para despertar a consciência é decidir construir o milagre que deseja na vida. Dificuldades sempre existirão, independentemente de você estar buscando desenvolvimento pessoal ou não.

Sempre que pensamos em perdão, acreditamos estar fazendo algo para os outros; só que, na verdade, quando perdoamos alguém com o coração, estamos também nos libertando da raiva, do medo, da tristeza, da angústia, da frustração e da culpa sobre nós mesmos. Quando você perdoa alguém, não significa que precise conviver com a pessoa que te machucou. A não ser que isso faça sentido para você. Do contrário, perdoar é entender a verdade como ela é, é aprender a deixar ir, é se doar novamente sendo a sua melhor versão.

Sinta a energia do perdão, do amor e da compreensão.

Gosto muito de uma mensagem, mas não encontrei a fonte, só que sinto que ela precisava estar aqui neste livro, ilustrando a nossa conversa sobre perdoar.

Certa vez, um monge e seu discípulo caminhavam à beira de um rio. Perceberam que um pequeno lagarto estava se afogando e, em uma ação rápida, o monge jogou a mochila no chão e pulou no rio para salvar o lagarto, que era um pouco maior que a sua mão. Assim que conseguiu agarrá-lo e o estava tirando da água, o monge foi surpreendido por uma mordida em seu dedo e, por causa da dor, soltou o animal. Poucos segundos depois, pegou o lagarto para tirá-lo da água. E, de novo, levou outra mordida, agora no pulso. Mais uma vez, pelo susto, soltou o lagarto na água. Em seguida, avistou alguns galhos flutuando, agarrou um e conseguiu resgatar o lagarto. E, aí sim, teve sucesso em tirá-lo da água. Depois de toda a cena, seu discípulo perguntou, intrigado: "Mestre, na primeira vez que você tentou salvar o bicho, ele mordeu a sua mão: é um selvagem ingrato. Mesmo assim, você insistiu e ele o atacou novamente. Ele não merecia a sua compaixão, mas, mesmo assim, você insistiu". Após escutar o discípulo, pacientemente, ainda com a dor das mordidas, o mestre respondeu: "Caro aprendiz, a minha tarefa é ajudar. Ele agiu conforme a natureza dele, e eu, conforme a minha".

As pessoas agem conforme elas são. E quando conheço quem sou, ajo com o meu coração. Se alguém me trata mal, qual a minha primeira reação? Culpar, incriminar, questionar, julgar a pessoa. É isso que, geralmente, fazemos.

Com outro nível de consciência, entendo que essa não é a minha essência, não é a minha natureza, e não farei isso. A maneira como as pessoas vão agir com você é problema delas. Aja sempre com o seu coração.

Tive uma lição do meu filho mais novo tempos atrás, quando tomávamos banho. Ele me contava o que acontecera na escola, com uma colega que o estava irritando. Muito nervosa, aquela voz bem infantilizada dizia: "A fulana não quis me emprestar o lápis dela na sala hoje, e quando a gente voltou do recreio, ela precisou da minha borracha". Eu perguntei: "E o que você fez, filho?". Sem imaginar a resposta, escutei: "Ué! Eu emprestei". Com a mesma raiva que ele sentia, ao escutar sua resposta, perguntei: "Mas porque você emprestou?". Meu filho de 5 anos então me disse: "Mãe, não se deve pagar o mal com o mal". Ali, naquela conversa, o Vítor me ensinou mais uma vez o que é perdoar de verdade.

Temos muita dificuldade de perdoar, e, ao não perdoarmos, nos comportamos da mesma maneira que aquele que nos magoou. Errar faz parte, e sem erros nunca saberemos como acertar. Temos medo de falhar, porque não nos ensinaram que perder ou ganhar faz parte do processo de construção de quem somos.

Você já parou para pensar sobre seus erros?
Em que situações você acredita que ainda esteja errando?

_____
_____
_____

Só somos capazes de dar aquilo que temos. Eu seria incapaz de escrever um livro e contar todas essas histórias se não tivesse passado por esses desafios. Estou entregando a você parte da minha vida.

Mas, antes de fazê-lo, precisei também aprender a me perdoar e me certificar de que todas as histórias que estão aqui já estão perdoadas.

Aprendi um método simples e eficaz que me ajuda a perdoar todas as vezes que preciso fazer isso.

CONSCIENTIZAÇÃO

O primeiro passo para perdoar é a conscientização de que sou um ser humano com erros e acertos. E que o meu certo não é o certo do outro. Se eu generalizo o certo e o errado, baixo o meu nível de consciência. Claro que posso errar, que posso brigar com quem amo, que posso fracassar em algum momento, que posso ficar triste, que posso sentir raiva, e claro que problemas vão existir. O que não está tudo bem é permanecer ligada aos problemas e deixar que eles destruam a minha vida. Minha falta de consciência não pode chegar a ponto de eu me perder. Preciso me conscientizar se estou sendo, de fato, a minha melhor versão. A minha pergunta-chave nesse primeiro momento, é: *o que a melhor versão da Luana faria?*

ENTENDIMENTO

Entendimento é perceber a dinâmica do problema e por que ele aconteceu. Tive consciência e cheguei à conclusão de que meu marido e eu não sabemos dialogar em algumas situações. Entendi o motivo que causava os nossos desentendimentos. Olhei para os nossos sabotadores e gatilhos e, a partir disso, comecei a entender que existem coisas que consigo mudar e coisas que não consigo.

O controle, por exemplo, pode ser um sabotador. Antes de dizer que você não é essa pessoa que quer controlar tudo, reflita sobre suas atitudes. Tem certeza de que aceita ficar triste, sentir raiva e medo? Na posição de querer controlar, perde-se o entendimento.

Na teoria, é tudo muito bonito, mas, na prática, você pode querer comprar briga, ter vontade de matar o marido, de dar uma palmada no filho. É fundamental perceber que fomos programados para agir assim e que registramos no subconsciente a informação de que, para nos defender, precisamos comprar briga. É preciso ter consciência de que brigar não é a melhor saída. Que a sua ação precisa ser diferente. Busque mais entendimento e clareza sobre o que quer seguir e o que quer fazer.

DISSOCIAÇÃO

Saber que tudo tem dois lados e fazer a escolha que mais faz sentido. Depois que escolhemos e decidimos pelo que mais faz sentido, às vezes acontecem imprevistos que podem nos tirar o foco. Priorize, contudo, o que é necessário para você. A pessoa que faz o que precisa ser feito no tempo certo consegue olhar os dois lados com maior facilidade, embora ainda não saiba para onde correr. O que quero dizer, de novo, é que não existe certo ou errado.

A dissociação se aprende com o tempo. É quando entendemos que não existe certo e errado; existe a ação. É olhar para os dois lados e dar continuidade àquilo que desejamos conquistar.

Por quanto tempo você está disposto a se dedicar para fazer a mudança acontecer? Precisamos ser realistas, cada um tem uma realidade. O quanto você está disposto a organizar o seu tempo para que a mudança aconteça, para que a vida seja mais leve?

Mas não acredite que, após criar um nível de consciência, já está tudo bem. Depois que você despertar e enxergar a vida extraordinária que pode ter, prepare-se, porque não vai se contentar com qualquer coisa. Se você se viu em vários momentos tendo uma vida cheia de felicidade, não vai aceitar qualquer coisa, vai querer uma vida cheia de felicidade. Depois que você vê, não dá para "desver".

DISPOSIÇÃO

Esteja disposto a perdoar. Esteja livre do julgamento. Afinal, seres humanos podem errar.

A partir de hoje, preste atenção na sua disposição para querer fazer as coisas acontecerem na sua vida. Tentamos tanto nos proteger das coisas ruins que colocamos óculos escuros para não entrar em contato com a claridade. Neste momento do livro, acredito que você já esteja mais evoluído e consiga enxergar o mundo com lentes coloridas, visualizar outros horizontes e os problemas que tem, e já consiga criar possibilidades para resolvê-los.

ATIVIDADE: PERDÃO

Agora é a sua vez de limpar. Escreva uma carta para perdoar alguém que feriu você. Inicie a carta com o nome da pessoa que o magoou. Caso não se lembre de ninguém, comece colocando o nome do seu pai ou da sua mãe. Em cada frase, você escreverá: "Eu te perdoo por..." (iniciar assim todas as linhas).
Exemplo: "Pai, eu te perdoo por não ter participado do meu batizado." / "Pai, eu te perdoo por ter me deixado esperando na porta da escola." / "Pai, eu te perdoo por ter me abandonado."
Resumidamente, coloque o nome da pessoa que deseja perdoar e comece cada frase com "eu te perdoo por...".

_____
_____
_____
_____
_____
_____
_____
_____
_____
_____

Faça o mesmo por você.

"Eu, [seu nome], me perdoo por..." (iniciar assim todas as linhas).

Exemplo: "Eu, Luana, me perdoo por ter desistido de viver quando minha avó faleceu." / "Eu, Luana, me perdoo por não ter me cuidado e ter sofrido um AVC." / "Eu, Luana, me perdoo por ter sido ignorante e ter permitido que o meu casamento estivesse por um fio."

_____
_____
_____
_____
_____
_____
_____
_____
_____
_____
_____
_____
_____
_____
_____
_____
_____
_____
_____
_____

PARTE 6

Agradecer, o ativo para a vida fluir

Capítulo 13

Gratidão: faça a graça descer

APRENDA A AGRADECER POR TUDO EM SUA VIDA. Desde que comecei a estudar os acontecimentos da vida, entendi alguns princípios importantes: o campo cerebral cria, mas se não potencializarmos as ideias no papel, nunca daremos vida a elas. Comecei a agradecer diariamente, por escrito, por três coisas que aconteciam no meu dia a dia, fossem boas ou ruins. Eu simplesmente agradecia.

Quando você se permite agradecer e sentir a gratidão acontecendo em sua vida, ocorre uma intensa transformação interna. Há muitos estudos que revelam que pessoas que têm o hábito da gratidão são mais felizes, você sabia disso? Ao agradecer, o cérebro aciona o sistema dopaminérgico, responsável por gerar prazer. A gratidão libera dopamina, e seu corpo entende que você está feliz.[11]

Todos temos razões para agradecer e motivos para ser gratos. Mas como devemos começar a exercer e sentir gratidão? Se você ainda não identificou isso, pegue papel e caneta e faça uma lista das coisas simples pelas quais precisa agradecer todos os dias.

1. Acordar todos os dias.

2. Respirar.

3. Ter a oportunidade de escolher.

4. Ter a oportunidade de viver.

---

11. PIMENTA, T. Gratidão: um caminho comprovado para a felicidade e sucesso. **Vittude**, 28 maio 2029. Disponível em: https://www.vittude.com/blog/gratidao/ Acesso em: 26 jan. 2023.

Entre tantos outros motivos pelos quais agradecer diariamente, você pode também agradecer por coisas mais específicas. Então, use a imaginação e comece a agradecer agora.

Agradecer faz parte de todo crescimento. A maioria das pessoas criou o hábito de agradecer somente quando coisas boas acontecem com elas. Elas não estão totalmente erradas, mas agradecer somente pelo que aconteceu de bom não faz você evoluir como ser humano.

Este livro foi escrito para despertar a sua consciência e ajudar você a viver a vida se tornando, todos os dias, a sua melhor versão. Para isso, é imprescindível aprender a agradecer sempre!

Agradecer por ter tido a oportunidade de acordar hoje. Agradecer por ter tido a oportunidade de se alimentar. Agradecer pela oportunidade de ter tido problemas, e reconhecer que, se seus problemas existem, é porque você tem a mínima condição de resolvê-los. Agradeça por aquele que o machucou, que o ofendeu, agradeça também pelas coisas que não deram certo na sua vida.

Toda vez que você agradece, mais coisas boas acontecem.

Ao enfrentar todos os meus problemas, percebi que orar/rezar fazia diferença. Mas não era esse agradecimento que eu precisava. Entendi que agradecer não tem a ver apenas com orar/rezar. Quando rezamos, estamos nos conectando com a nossa vida espiritual. Mas isso ainda não me faz agradecer. Agradecer é pedir e agir para que a graça desça sobre nós. Descobri, também, que somos nós que fazemos a nossa graça descer à medida que agimos, seguindo o coração leve e cheio de amor.

A mente nunca para de trabalhar. Fazemos listas intermináveis de coisas que queremos fazer e conquistar todos os dias, mas quando colocamos gratidão nesses pensamentos, o cérebro libera pelas vias dos neurotransmissores a sensação de prazer, e com isso, nos sentimos mais leves e cheios de amor.[12]

---

12. PIMENTA, T. Gratidão: um caminho comprovado para a felicidade e sucesso. **Vittude**, 28 maio 2029. Disponível em: https://www.vittude.com/blog/gratidao/ Acesso em: 26 jan. 2023.

É simples: se você pudesse optar por se sentir infeliz ou estar feliz, qual seria a sua escolha? Posso apostar que você deseja viver uma vida de felicidade, não é? Você deve estar querendo perguntar: "Mas, Luana, o que a gratidão tem a ver com tudo isso?". Quando agradecemos, essa sensação liberada pelo cérebro nos faz olhar para as coisas de forma mais positiva e, consequentemente, também nos conecta com as sensações de prazer que mais desejamos sentir. Isso significa que, quanto mais grato você for, menor a chance de reclamar, de desistir, de se apegar à dor.

Você só precisa olhar com gratidão para tudo o que acontece na sua vida! Exatamente tudo! Isso vai fazer você se sentir leve e tranquilo. E a sua mente liberará espaço suficiente para novas possibilidades.

Agradecer faz a sua graça descer.

Expressar sentimentos é uma prática extremamente benéfica à saúde de um modo geral. Muitas relações têm início por meio desse gesto simples e importantíssimo. Pessoas gratas são mais propensas a se comportar de maneira assertiva, mesmo quando são tratadas de forma menos gentil.

A gratidão pode mudar uma vida. Ser grato ao que você tem hoje e ao presente significa ter uma vida mais tranquila, mais saudável e menos estressante, e autoestima elevada. A gratidão pode ser expressa, principalmente, em atos de amor ao próximo. Não existe forma melhor de agradecer pelo bem recebido do que retribuir com o bem. É um ciclo: você recebe energias boas, emana boas vibrações e tudo segue assim. A sua energia boa produz mais positividade, e tudo volta para você. Porém, não fique esperando alguém lhe fazer o bem para começar a agradecer.

Nunca se esqueça da importância e do privilégio que é estar vivo. Você acorda todos os dias, respira, faz planos e tem a oportunidade de abraçar as pessoas. Olhe mais para dentro de si, se questione, se pergunte, se aceite e sinta inteiramente cada momento que você vive. Agradeça pela graça de estar aqui.

Muitos podem olhar para os seus dias atuais – ou anteriores – e não enxergar motivos para serem gratos. Muitos podem olhar para a própria vida e não enxergar momentos pelos quais podem ser gratos. Será que você não está sendo muito duro consigo mesmo?

Lendo este texto agora, não passa nada pela sua mente que faça você se lembrar de um momento agradável ou de um motivo que fez você sorrir? Reflita um pouco.

Sempre haverá um motivo para agradecer. E, se você não encontrar um, agradeça por ter nascido. Agradeça pelos problemas que você está enfrentando. Agradeça!

Minha vida mudou quando comecei a praticar a gratidão. Todos os dias, antes de dormir, agradeço por algo, pequeno ou grande. Pode ser um sorriso, o sol, a chuva, a comida que comi, o banho que tomei, enfim, sempre separo 5 minutos antes de dormir para pensar em pelo menos 3 coisas para agradecer do dia. Essa rotina se tornou um hábito, e sinto muita leveza e paz dentro de mim depois que comecei a praticá-la. Sugiro que você também passe a agradecer por tudo, constantemente.

ATIVIDADE: GRATIDÃO

Este é o espaço para que você possa agradecer. Em algumas linhas, agradeça pelo que desejar.

_____
_____
_____
_____
_____
_____

VOCÊ VIVE OU SOBREVIVE?

_____
_____
_____
_____
_____
_____
_____
_____
_____
_____
_____
_____
_____
_____
_____
_____
_____
_____
_____
_____
_____
_____
_____

Sugiro que, após escrever, se o seu agradecimento for para alguém que ainda esteja vivo, você também entre em contato com a pessoa, por telefone, mensagem nas redes sociais, canais do seu celular. Aproveite esse momento, único na sua vida. Não deixe para depois.

Considerações finais: 6 pontos fundamentais

Nesta nossa conversa, tudo foi importante, mas, para ajudar você, separei alguns pontos essenciais.

1. TER UM OBJETIVO NA VIDA

Não precisa ter um objetivo grande. Pode ser um objetivo diário. Qual é o seu objetivo, todo dia? Acorda com qual finalidade? Qual é o seu objetivo de hoje? O que você precisa traçar para alcançá-lo? O quanto está disposto a entregar para buscá-lo?

2. ENFRENTAR DESAFIOS

Entre em ação. Enfrente os desafios, sejam eles difíceis ou não; seja uma rejeição, um medo, uma angústia, falta de dinheiro, falta de diálogo. Qual é o desafio que você precisa enfrentar. Em vez de desistir, comece a enfrentar. Será que você está disposto? Se realmente quiser ter sucesso na vida, precisa aprender a enfrentar. Se realmente quiser despertar o que tem de melhor, terá que enfrentar os desafios de frente. Senão, ficará sempre na mesma.

3. ACEITAR O QUE NÃO PODE MUDAR

Muitas vezes, você está tão focado em fazer que alguma coisa fique exatamente como você quer que não aceita a existência de coisas que simplesmente não pode mudar, sobretudo porque não dependem de você.

Aceitar que não pode mudar algumas situações também faz parte do processo de construção do milagre. Entenda que a vida é um milagre.

4. COLOCAR-SE EM AÇÃO

Aja. Coloque em ação as suas ideias e os seus sonhos, e, principalmente, se torne a sua melhor versão, sob qualquer circunstância. Se quiser melhorar a vida financeira, precisa entrar em ação. Se quiser melhorar o relacionamento, a vida familiar e profissional, precisa entrar em ação. Você precisa parar de inventar desculpas para si mesmo.

Ponha as suas ideias no papel. Os seus insigths, o que você quer, o que tem que fazer. Feche os olhos e visualize: qual é a cena que lhe vem? O que compete a você fazer? Em quanto tempo conseguirá o que deseja?

Se quer ter mais amigos, precisa sorrir mais, precisa estar mais à disposição da sociedade. Se precisa de mais lazer, é fundamental realinhar seu trabalho e entender que ninguém vai morrer se você tirar um dia para si. Somos seres substituíveis. Nada do que você fizer vai durar para sempre, exceto ajudar o próximo. Então faça o que pode no momento que puder.

Depois que você morrer, seu chefe vai contratar outro para pôr em seu lugar. A única coisa que permanecerá para sempre é o que você fez para a sua vida agora. E quais são as coisas que você fez? Quando estou refletindo sobre a minha vida, sempre penso que, apesar de eu muitas vezes me desdobrar e me matar de trabalhar, quando eu morrer os meus pacientes vão procurar outro profissional. É simples assim. Essa é a lógica da vida. Quando você se for, outras coisas tomarão o seu lugar, o que fica são somente os registros mentais. Se eu morrer agora, os meus pacientes não têm alternativa. Se não quiserem adoecer, vão procurar outro profissional. Quem vai sentir minha falta? Do tempo que perdi por não estar junto dos meus filhos, do meu marido, da minha família?

Tenha sempre uma lista de prioridades. Busque-a. Faça a lista de prioridades todos os dias, se for o caso. Se não tiver prioridades, não terá resultados.

5. PERDOAR

Talvez uma das coisas mais difíceis – se não a mais – seja entender que, sendo um ser humano, também me conecto com outros seres humanos. E quando não tenho a habilidade treinada do perdão, não vou conseguir perdoar a pessoa que me ofendeu ou machucou. E aí, desisto. Deixo de viver a vida que preciso viver.

Perdoar não é aceitar o que o outro está fazendo, dizer amém e pronto. Não precisa aceitar o que a pessoa fez de errado, e sim aceitar que você não pode mudar a realidade. Não precisa aceitar o comportamento de alguém, mas precisa deixar claro para essa pessoa que você ficou descontente e isso o machucou. Se não faz sentido para você e se faz sentido para ela, ou vice-versa, precisa alinhar qual é o meio do caminho.

O mais importante do perdão, em primeiro lugar, é reconhecer a sua responsabilidade nisso tudo. Perdoar não é só para o outro; é para a gente também. Quando falhamos, quando erramos, quando achamos que estávamos acertando, e percebemos que acabamos fazendo uma escolha errada, e que, talvez, não seja mais possível reparar.

Então, devemos buscar outro caminho, e o perdão é a porta de entrada para essa procura. Tudo depende de para o que você vai olhar, qual ângulo escolherá. E se você entende que a dissociação é uma realidade sempre possível, se entende que existem dois lados, tem a possibilidade de perdoar com mais facilidade.

6. AGRADECER

Mesmo em meio ao erro, quando o perdão se torna uma realidade, a gratidão vem logo em seguida. Podemos ser gratos até pela oportunidade de aprender com o erro. Podemos agradecer a oportunidade de poder melhorar.

Se hoje não acordei muito bem, agradeço a oportunidade de respirar, a oportunidade de ter acordado. Se perdi alguém amado, agradeço a oportunidade de ter vivido com aquela pessoa querida, de ter aprendido com ela, usufruído da sua presença pelo tempo que foi possível.

Quando estou num processo de conflito, preciso seguir essas seis regras básicas. Elas precisam fazer parte da minha vida.

VOCÊ VIVE OU SOBREVIVE?

É preciso aprender a agradecer. Lembra que falei sobre o cérebro? Que aprendemos por repetição? Quanto mais você repete, mais elaboração vai acontecer, mais consciência e clareza vão se abrindo.

Não desista de você, não desista de vencer, não desista de viver. Mesmo nos momentos difíceis, a vida continua. Centenas de pessoas já chegaram até mim. Pessoas com as mais diversas dificuldades, e cada uma na sua intensidade, no seu sofrimento. Não existe sofrimento maior ou pior, ele é apenas o seu sofrimento. Somente você passa pela sua dor, e, embora eu te compreenda, ou já tenha passado por algo semelhante, ainda assim a sua dor é única! Mas a sua essência também é. E ela exala quem é você. A sua vida tem o seu perfume, perfume esse que pode recender na vida de outras centenas de pessoas. O seu desafio não acaba aqui, e você também não está sozinho. Convido você a me chamar no Instagram **@luanaganzert** sempre que precisar. Sempre que se sentir perdido ou sem disposição, ou sentir que está sobrevivendo à sua vida. Estou nesse desafio contigo. Se este livro está em suas mãos, se você chegou até aqui, tem ainda muito que viver e explorar, tem muito a crescer.

Sou feliz sendo eu, e desejo que você seja feliz sendo você. Do fundo do meu coração, que a partir de hoje você viva a sua vida, da forma mais intensa e singela que puder.

Depois de ler todo este conteúdo, espero a sua resposta a esta pergunta nas minhas redes sociais: você vive ou sobrevive?

Este livro foi impresso pela gráfica Assahi em papel pólen bold 90 g/m² em fevereiro de 2023.